CICEROS REDE

PRO Q. ROSCIO COMOEDO

RECHTLICH

BELEUCHTET UND VERWERTET

VON

H. H. PFLÜGER.

LEIPZIG,
VERLAG VON DUNCKER & HUMBLOT.
1904.

Piererache Hofbuchdruckerei Stephan Geibel & Co. in Altenburg.

INHALT.

I.

DIE SACHE UND DIE KLAGE.

Der bekannte Schauspieler Q. Roscius, jetzt Ciceros Klient und Beklagter, und ein sonst unbekannter C. Fannius Chaerea, jetzt Kläger, hatten vor Jahren in einem Gesellschaftsverhältnis miteinander gestanden[1]. Gegenstand des Unternehmens war der Sklave Panurgus, den Fannius in die Gesellschaft eingebracht und Roscius in der Schauspielkunst ausgebildet hatte. Und die Absicht dabei war gewesen, die Talente des Sklaven für gemeinschaftliche Rechnung zu verwerten.

Doch es kam anders[2]. Panurgus wurde von einem gewissen Q. Flavius getötet, und den beiden Miteigentümern und Gesellschaftern blieb nichts, als je eine actio legis Aquiliae gegen den Zerstörer ihrer Hoffnungen. Diese Klagen wurden denn auch angestellt, und dabei war Fannius gefällig genug, die Vertretung des Roscius als dessen Cognitor mit zu übernehmen.

Bis soweit war man also noch im besten Einvernehmen

---

[1] pro Roscio c. 10.

[2] pro Roscio c. 11.

geblieben. Da tat Roscius den verhängnisvollen Schritt, das Ende des Prozesses nicht abzuwarten, sondern sich lite contestata mit dem gemeinsamen Gegner zu vergleichen und ein Grundstück von ihm in Zahlung zu nehmen. Daſs er trotz des dominium litis seines Cognitors dazu berechtigt war, leidet keinen Zweifel. Die Bedeutung des dominium litis war, wie wir wissen, lediglich eine formelle, wie denn auch die vertretene Partei allein berechtigt war, Zahlungen anzunehmen und die actio iudicati zu erheben[3]. Roscius' Fehler war aber, daſs er mit dem Grundstück, das bei der Übernahme so gut wie nichts wert gewesen, dann aber ganz bedeutend im Werte gestiegen war, ein überaus glänzendes Geschäft gemacht hatte[4]. Und das nahm Fannius, der den Prozeſs für seinen Teil fortgesetzt, vorderhand aber nichts aus Flavius herausbekommen hatte[5], ihm gewaltig übel. Er verlangte jetzt, daſs Roscius das, was er durch den Vergleich erlangt hatte, mit ihm teile, und darüber kam es drei Jahre vor dem gegenwärtigen Prozeſs zum ersten Male zu einem „arbitrium" zwischen den ehemaligen Gesellschaftern[6]: ob einem gerichtlichen oder einem schiedsrichterlichen, ist unter den Gelehrten streitig. Genug vorläufig, daſs es dem arbiter damals noch gelang, einen Vergleich zustande zu bringen, der den noch zu erörternden sehr merkwürdigen Inhalt hatte, daſs Roscius an

---

[3] Vgl. Wach, zu Kellers Zivilprozeſs, Anm. 716 a.

[4] c. 11 § 32.

[5] Später verglich auch er sich mit Flavius und bekam von ihm 100 000 Sesterzen ausgezahlt. c. 13 § 39.

[6] c. 4 § 12, c. 13 § 37.

Fannius 100000 Sesterzen zahlen und hingegen Fannius von dem, was er in Zukunft etwa noch von Flavius beitreiben würde, an Roscius die Hälfte abgeben sollte[7].

Aus diesem Vergleiche zwischen Roscius und Fannius — nicht zu verwechseln mit dem früheren Vergleiche zwischen Roscius und Flavius! — hat sich nun der Prozefs entwickelt, dem wir Ciceros Rede pro Roscio verdanken. Roscius nämlich, der von den zu zahlenden 100000 Sesterzen die erste Rate mit 50000 Sesterzen anstandslos abgetragen hatte[8], stellte mit einem Male jede Verpflichtung seinerseits rundweg in Abrede und verweigerte die Zahlung des Restbetrages. Fannius sah sich dadurch genötigt, ihn auf 50000 Sesterzen zu verklagen.

Über Art und Gestalt dieser Klage ist ein Zweifel heute nicht mehr möglich. Die intentio lautete nach c. 4 § 11 auf si paret HS IƆƆƆ dari (oportere), und nach c. 4 § 10, 12 hatte man auch nicht versäumt, die von Gaius 4. 171 erwähnte sponsio und restipulatio tertiae partis abzuschliefsen. Das heifst: die Klage war eine condictio, genauer eine actio certae creditae pecuniae, und die vollständige Formel[9] mufste also lauten:

Si paret Q. Roscium C. Fannio Chaereae HS IƆƆƆ dare oportere, iudex Q. Roscium C. Fannio Chaereae HS IƆƆƆ condemna si non paret absolvito.

[7] c. 13 § 37. 38.
[8] c. 17 § 51.
[9] Vgl. Lenel, Edictum S. 187.

II.

DIE DREI MÖGLICHEN KLAGEGRÜNDE.

Ciceros Rede zerfällt in zwei Teile.

Davon ist der erste dem Nachweise gewidmet, dafs die Klage des Fannius unbegründet sei. Fraglich und der Untersuchung bedürftig bleibt aber, wie Fannius seine Klage begründet hatte.

Es gebe dafür, sagt Cicero mit grofsem Nachdruck, nur drei Möglichkeiten. Pecunia petita est certa .... haec pecunia necesse est aut data aut expensa lata aut stipulata sit; und: praeterea ... quemadmodum certam pecuniam petere possit non reperio [10].

Wie reimt sich das aber mit dem, was wir sonst über die Gründe der Kondiktionen zu wissen glauben? Wie kann Cicero sagen, — was er doch zu sagen scheint! — es gebe nur jene drei: Darlehen, Literalkontrakt und Stipulation?

Richten wir diese Frage an Savigny, so erklärt

---

[10] c. 4 § 13, c. 5 § 14.

sich alles sehr einfach: „Cicero," sagt Savigny[11], „wollte keine allgemeine Theorie der Aktionen vortragen, sondern daraus jetzt nur dasjenige herausnehmen, was zu dem vorliegenden Rechtsfall dienen konnte. Indem er also sagt: adnumeratio, expensilatio, stipulatio seien die drei einzigen Wege zu einer certi condictio, mufs sehr natürlich hinzugedacht werden: in Fällen wie der vorliegende. Der vorliegende Fall war aber ein kontraktlicher, und es wäre eine pedantische Vorsicht gewesen, wenn Cicero noch besonders bemerkt hätte, dafs hier die condictio furtiva usw. nicht anwendbar sei."

In demselben Sinne äufsern sich Adolf Schmidt[12] und Keller[13]. v. Bethmann-Hollweg[14] aber macht es noch einfacher, indem er die Worte Ciceros kurzweg dahin abschwächt, dafs die condictio „hauptsächlich" aus jenen drei Gründen angestellt werden konnte[15].

Wieder andere suchen sich dadurch zu helfen, dafs sie lediglich um Ciceros willen zwei Klagen auf certa pecunia unterscheiden: eine actio certae creditae pecuniae, beschränkt auf die drei von Cicero hervorgehobenen Klaggründe, und daneben eine schlichte condictio certae pecuniae, alle übrigen Fälle umfassend. So im wesent-

---

[11] System 5 S. 593.

[12] M. Tullii Ciceronis pro Roscio com. or. p. 6.

[13] In einer handschriftlichen Bearbeitung der Rede, über die Krüger, Z. für Rechtsgeschichte 7 S. 237 ff., berichtet. Sie befindet sich im Besitze des genannten Herrn und ist mir von ihm zur Benutzung gütigst überlassen gewesen.

[14] Zivilprozefs 2 S. 816.

[15] Vgl. auch Degenkolb, Z. für Rechtsgeschichte, 9 S. 137 Anm. 46.

lichen Heimbach[16], Karlowa[17], Wolfgang Stintzing[18], und wie es scheint auch Kappeyne van de Coppello[19].

Zwar scheint Cicero von einer solchen Unterscheidung nichts zu ahnen. Obwohl es sich um pecunia certa credita handelt, spricht er immer nur schlechtweg von pecunia certa. So c. 4 § 10: iudicium est pecuniae certae; ebenso c. 4 § 13: quemadmodum certam pecuniam petere possit; ebenso c. 5 § 14: pecunia petita est certa. Doch man beruft sich auch auf Gaius 3. 124, wo jener engere Begriff von pecunia credita seine Bestätigung finden soll: pecuniam autem creditam dicimus non solum eam quam credendi causa damus, sed omnem quam tum cum contrahitur obligatio certum est debitum iri. Es gehört aber in der Tat ein starker Glaube — oder eine grofse Not! — dazu, um Gaius' Worte so auszulegen, dafs damit „nur die durch Stipulation, Literalkontrakt, Darlehen begründete ..... Obligation auf dare einer certa pecunia, nicht etwa auch z. B. die Obligation des Käufers, auf den Kaufpreis“ gemeint sei! Denn hätte Gaius das nicht einfacher sagen können? Und erwägt man den Zweck der lex Cornelia, um deren Auslegung es sich in den angeführten Worten des Gaius handelt: qua lege idem pro eodem apud eundem eodem

---

[16] Lehre vom Creditum, S. 78 ff., 586 ff.

[17] Römische Rechtsgeschichte 2, S. 594 ff.

[18] Beiträge zur röm. Rechtsgeschichte 1, zur Geschichte der condictio, S. 9 ff.

[19] Abhandlungen zum röm. Staats- und Privatrecht, 2. Heft S. 201 ff.

anno vetatur in ampliorem summam obligari quam in XX milia[20]: so fragt man sich vergebens, was für einen Sinn es haben konnte, die Tragweite des Gesetzes auf Schulden aus Darlehen, Literalkontrakten und Stipulationen zu beschränken. Baron[21], der auch den Begriff der credita pecunia auf diese drei Fälle beschränkt, tut dies doch nur für die Zeit Ciceros, und nimmt von Cicero zu Gaius und über diesen hinaus eine geschichtliche Entwicklung an, die den Begriff allmählich erweitert hätte. Noch einfacher scheint es aber, mit Voigt[22] credita pecunia hier in einem besonderen Sinne zu nehmen, einem Sinne, „der um vieles weiter als der ursprüngliche Begriff, alle und jede nicht deliktische ... Obligation umfaſste, und der sonach fast zu gleicher Sphäre mit dem Begriff Creditor sich erhob, in solcher Ausdehnung aber auch lediglich in Bezug auf jene lex Cornelia und zu deren Interpretation angewendet wurde". Ebenso hat ja auch pecunia in demselben Gesetze einen ganz besonderen Sinn[23], den auch niemand auf die actio certae creditae pecuniae wird anwenden wollen.

Nun hat man aber, um der Unterscheidung zweier Klagen einiges Leben einzuflöſsen, nach weiteren Verschiedenheiten gefahndet und als greifbarste die zutage gefördert, daſs die sponsio tertiae partis, deren Gaius 4. 171 nur bei actio certae creditae pecuniae erwähnt, auf die

---

[20] Gaius a. a. O.
[21] Condictionen S. 156 ff.
[22] Condictionen S. 269.
[23] Gaius a. a. O. Vgl. auch l. 178 pr., l. 222 D. 50. 16 und dazu Lenel, Pal. zu Ulpian 2961, Hermogenian 41.

Klage aus Darlehen, Stipulation und Literalkontrakt beschränkt gewesen sei. Warum aber z. B. der Dieb, der Geld gestohlen hatte und deshalb mit der condictio certae pecuniae belangt wurde, sich einer glimpflicheren Behandlung erfreut haben soll als der Darlehnsschuldner, das sagt man nicht. Und selbst angenommen, die Behauptung wäre richtig: beruht nicht die Identität der römischen Klage auf der Klagformel? und was wäre denn dabei, wenn eine und dieselbe Klage bald cum poena, bald sine poena angestellt werden könnte? Sogar darüber liefse sich reden, ob man diese selbe Klage nicht im allgemeinen einfach actio certae pecuniae, in den drei besonderen Fällen des Darlehens, der Stipulation und des Literalkontrakts auch actio certae creditae pecuniae nennen dürfe. Namen tun nichts zur Sache.

Doch diesen Einwand hat man vorausgesehen und ist daher bemüht gewesen, ihm zuvorzukommen. Man hat nämlich die sinnreiche Entdeckung gemacht, die sponsio tertiae partis bei der actio certae creditae pecuniae sei nicht nur pönal, sondern auch präjudizial, genau so wie die sponsio poenalis bei den Interdikten; und Kappeyne van de Coppello gefällt sich darin, geradezu von einem agere per sponsionem mit nachfolgendem iudicium secutorium zu reden, wiederum genau wie bei den Interdikten [24]. Dafs aber bei solcher Gestaltung des Verfahrens die actio certae creditae pecuniae sich in der Tat sehr wesentlich von der schlichten condictio certae pecuniae unterscheiden würde, liegt auf der Hand.

---

[24] Vgl. Gaius 4. 165. 166 in fine, 169 i. f.

Fragen wir nach Beweisen für diese überraschende Behauptung, so beruft man sich auf Cicero und auf die lex Rubria.

Sehen wir zuerst Cicero. In c. 4 § 12 unserer Rede — einer Stelle, die uns noch mehr beschäftigen wird — vergleicht Cicero das schrankenlose officium des arbiter in dem früheren arbitrium zwischen Roscius und Fannius mit der Gebundenheit des iudex in dem jetzt schwebenden Prozeſs: eidem et infinitam largitionem remittebas et eundem in angustissimam formulam sponsionis concludebas? Der damalige arbiter und nunmehrige iudex war nämlich ein und dieselbe Person, C. Calpurnius Piso. Aus diesen Worten nun will Karlowa folgern, daſs die angustissima formula sponsionis der Angelpunkt gewesen sei, um den sich der Prozeſs gedreht habe. Als ob sie nicht auch mit der gewöhnlichen Auffassung, daſs eine formula auf si paret dare oportere dieser Angelpunkt gewesen sei, sich aufs beste vertrügen! Ciceros Gedanke ist doch wohl nur der: „Erst hast du dem Piso als arbiter die denkbar freieste Hand gelassen, und nun machst du ihn als iudex so sehr zum Knecht des Buchstabens, daſs ihm bis zur Verurteilung in die poena tertiae partis ein jeder Schritt genau vorgeschrieben ist?" Die angustissima formula sponsionis steht also nur da, sozusagen als das Tüpfelchen auf dem i der richterlichen Gebundenheit. In c. 5 § 14 heiſst es ferner: hic ego si finem faciam dicendi, satis fidei et diligentiae meae, satis causae et controversiae, satis formulae et sponsioni, satis etiam iudici fecisse videar. Aber was diese harmlose Stelle beweisen soll, ist wirklich nicht erfindlich. Die sponsio war doch ohne Zweifel so gefaſst, daſs wenn der Beklagte schuldig befunden wurde, auch zugleich die Bedingung der Sponsion erfüllt war[25], der Beklagte also ohne weitere Untersuchung zugleich in die Sponsionssumme verurteilt werden muſste; wogegen umgekehrt die Freisprechung im Hauptprozeſs auch die Freisprechung im Sponsionsiudicium nach sich zog. Der beklagtische Anwalt also, welcher nachgewiesen hatte, daſs seine Partei nicht schuldig sei, der hatte alles getan, was formula (selbstverständlich des Hauptprozesses) und sponsio von ihm verlangten: formulae et sponsioni satis fecit. Nun sagt aber an der zuletzt angeführten Stelle Cicero noch weiter: pecunia petita est certa; cum certa parte sponsio facta est. Dieses cum, meint Karlowa, habe einen ganz besonderen Sinn; dieses cum schlieſse den Gedanken an eine reine Pönalstipulation aus. „Zunächst und hauptsächlich, sagt er, ist die Sponsion abgeschlossen, ut per eam de re iudicetur, sie ist aber cum tertia parte abgeschlossen, also damit der unterliegende Beklagte nicht bloſs die Streitsumme, sondern mit ihr die poena tertiae partis erlegen müsse.“ Wenn das nicht gesucht ist! Einfacher bleibt es denn doch, man nimmt cum tertia parte als eine vielleicht ungewöhnliche, aber doch nicht unverständliche Art, den Gegenstand der Sponsion wiederzugeben. Vielleicht hat Cicero auch in Wirklichkeit so geschrieben: pecunia petita est certa, cuius tertiae partis sponsio facta est[26], wobei cuius sich

---

[25] Vgl. Lenel, Edictum, § 95, 2 S. 188.

[26] Lenel, Edictum S. 188 Anm. 6 liest: cuius tertia parte.

natürlich auf pecunia bezogen hätte. Der Sinn ist auf jeden Fall aufser Zweifel: über eine Forderung auf certa pecunia ist lis kontestiert und zugleich ist die sponsio tertiae partis abgeschlossen. Karlowa dagegen, indem er die Nebensache, denn das ist die sponsio, zur Hauptsache macht, mufs das, was in Wahrheit die Hauptsache ist, notgedrungen mifsverstehen. Pecunia petita est: das soll sich nur auf das in iure gestellte Verlangen des Klägers, also wohl auf sein „Bitte, lieber Prätor, hilf mir zu meinem Gelde" beziehen! Nun wissen wir aber doch aus unzähligen Stellen des Corpus iuris, dafs petere einen ganz bestimmten technischen Sinn hat[27], dafs es das, allerdings in iure, aber in bestimmter Form, durch formula und Litiskontestation durchgeführte Verlangen bezeichnet. Pecunia petita est certa bedeutet, dafs über certa pecunia lis kontestiert ist, dafs also eine formula vorliegt, in der die Forderung auf certa pecunia formuliert ist, eben die formula, deren intentio Cicero c. 4 § 11 anführt: si paret HS IↃↃↃ dari.

Nun noch die lex Rubria. Nach c. XXI mufs, wer wegen certa pecunia credita verklagt wird, sponsione iudicioque se defendere. „Das zeigt aber," sagt Karlowa, „dafs nicht unmittelbar eine formula erteilt wurde, sondern zunächst eine sponsio abgeschlossen werden mufste, welche nicht blofs pönal, sondern präjudizial gewesen sein mufs, und erst aus der sponsio eine Formel erteilt wurde." Unseres Erachtens sagt die Stelle nur, und das ohne Zwang und ohne „Müssen", dafs zur defensio bei

[27] Vgl. Wlassak, Litiskontestation S. 40 ff.

actio certae creditae pecuniae zwei Dinge nötig sind. Bei anderen Klagen genügte in der Regel, dafs der Beklagte sich zum iudicium accipere, d. h. zur Vornahme der Litiskontestation, bequemte. War er hierzu bereit, so war er insofern nicht indefensus, man konnte von ihm sagen: iudicio se defendit. Bei actio certae creditae pecuniae dagegen mufste der Beklagte aufserdem noch die Sponsion eingehen, also auch sponsione se defendere. Und zwar mufste er zuerst spondieren. Denn vielleicht liefs er sich durch die drohende poena noch in zwölfter Stunde vom Prozefs abschrecken. Erst wenn er mutig in den sauren Apfel der Sponsio gebissen hatte, verlangte man von ihm auch die Litiskontestation. Und so erklärt sich denn sehr einfach, worauf Karlowa Gewicht zu legen scheint, dafs in der lex Rubria die sponsio an erster Stelle steht. In iudicio dagegen drehte sich alles um die formula. Zu ihr griff der iudex zuerst; und so kommt es, dafs Cicero an erster Stelle immer sie nennt.

Und wie soll man sich das agere per sponsionem überhaupt vorstellen? Die durch die Sponsion versprochene tertia pars war doch selber wieder pecunia credita: also, da wegen pecunia credita nur per sponsionem geklagt werden kann, wegen der Sponsionssumme wiederum eine Sponsion, über diese Summe wieder eine, und so immer wieder, Sponsionen und Sponsionen und kein Ende! Statt dessen nur wegen der Hauptsumme den Umweg per sponsionem, wegen der Sponsionssumme aber den geraden Weg durch eine einfache formula zuzulassen, wäre zwar weniger grotesk, aber kaum weniger absurd gewesen.

Unter diesen Umständen ist es zu bedauern, daſs auch Karlowa sich darüber, wie er sich das agere per sponsionem gedacht hat, nicht näher ausgelassen hat. Er verweist nur auf Kappeyne van de Coppello, diesem aber beliebt es augenscheinlich, ein wenig mit uns zu scherzen. Auf Grund der sponsio tertiae partis gibt er nämlich folgendes Monstrum von formula[28]:

Quod Roscius C. Fannio Chaereae HS 16 666$^{1}/_{2}$[29] dare spopondit si paret[30] Q. Roscium C. Fannio Chaereae HS IↃↃↃ dare oportere, q. d. r. a., ob eam rem si paret Q. Roscium C. Fannio Chaereae HS 16 666$^{1}/_{2}$ dare oportere, iudex Q. Roscium C. Fannio Chaereae HS 16 666$^{1}/_{2}$ c. s. n. p. a.

Und als formula des secutorium iudicium:

Si paret Q. Roscium C. Fannio Chaereae HS IↃↃↃ dare oportere, iudex Q. Roscium C. Fannio Chaereae HS IↃↃↃ c. s. n. p. a.

Ein ausdrücklicheres Zugeständnis, daſs das Kokettieren mit der vermeintlichen Analogie des Interdiktenverfahrens nur ein geistreiches Spiel ist, braucht man wirklich nicht zu wünschen! Denn dieses angebliche iudicium secutorium stimmt ja mit der von uns angenommenen Klagformel des Fannius Wort für Wort überein! Und man braucht es nur anzusehen, um sich zu überzeugen, daſs es vollkommen auf eigenen Füſsen steht, und daſs von einer präjudiziellen Bedeutung des

---

[28] a. a. O. S. 201.

[29] K.: $\overline{\text{XVI}}$ DCLXVI·S.

[30] sic!

iudicium sponsionis — auf dessen Ausgang doch ebenso wie beim Interdiktenverfahren[31] Bezug zu nehmen wäre — ihm gegenüber nicht die Rede sein kann.

Doch wozu diese Umschweife, um eine Behauptung zu widerlegen, die zu fällen drei Worte aus Gaius 4. 171 genügen. Sponsionem facere permittitur: selbst Karlowa mufs anerkennen, dafs eine Sponsion, die nur zulässig ist, auch nach Belieben wegbleiben kann, „also nicht präjudizial, sondern nur pönal" ist! Statt nun aber demgemäfs mit seiner gegenteiligen Behauptung ins Gericht zu gehen, sucht er sie dadurch zu retten, dafs er sie vor dem Auftreten des Gaius rechtzeitig Morgenluft wittern läfst, und — richtet sie dadurch erst recht. Als Gaius seine Institutionen schrieb, da sei „schon", meint Karlowa, für Forderungen von pecunia credita ohne Vermittlung einer Sponsion eine auf dari oportere lautende Klagformel gegeben worden! Was aber Cicero 4 § 11 mit der auf si paret HS IϽϽϽ dari gerichteten Formel hat sagen wollen, das sagt Karlowa nicht.

So stehen wir denn aufs neue, ohne Antwort gefunden zu haben, vor der Frage: Wie reimt es sich mit dem, was wir sonst von den Gründen der condictio wissen, dafs Cicero nur die drei zu kennen scheint: Darlehen, Stipulation, Literalkontrakt? Und fast scheint uns in der Tat nichts anderes übrig zu bleiben, als mit dem Mute der Verzweiflung der Führung v. Mayrs[32] zu folgen, der nach dem Vorgange von Voigt[33] und

[31] Gai. 4. 165 und dazu Lenel. Edictum S. 360.
[32] Die Condictio des röm. Privatrechts (1900) S. 52 ff.
[33] Condictionen S. 246 f.

Accarias[34] sich nur durch die Annahme zu helfen weifs, dafs alle Anwendungsfälle der condictio, die über die drei von Cicero genannten Fälle, Darlehen, Stipulation und Literalkontrakt, hinausgehen, die condictio furtiva also und alle condictiones sine causa, erst nach Cicero, vermutlich unter Labeo, aufgekommen seien[35].

Ist es denn aber wirklich wahr, was man so allgemein aus Ciceros Worten herausliest[36], dafs er nur die drei Fälle nennt: Stipulation, Literalkontrakt und Darlehen? Wo spricht Cicero denn von Darlehen? Haec pecunia, sagt Cicero, necesse est aut data aut expensa lata aut stipulata sit. Aber data pecunia ist es doch auch, wenn eine Nichtschuld gezahlt oder wenn für eine Ehe, die hernach nicht zustande kommt, Geld als dos gegeben ist! Data pecunia ist doch mit einem Wort auch jede sine causa data pecunia!

Davon, dafs Cicero die condictiones sine causa übergangen hätte, kann also durchaus nicht die Rede sein.

Ja aber die condictio furtiva! Gestohlenes Geld ist doch gewifs alles andere als pecunia data!

Die Klage des Fannius war, das wollen wir nicht vergessen, eine actio certae creditae pecuniae, und was Cicero sagt, das bezieht sich selbstverständlich nur auf die actio certae creditae pecuniae. Die actio certae creditae pecuniae aber geht, wie wir wissen, immer nur auf

---

[34] Théorie des Contrats innominés S. 688 ff., angeführt bei v. Mayr.

[35] Vgl. dagegen auch H. Krüger, Savigny-Zeitschrift 21 S. 420 ff.

[36] Eine Ausnahme macht Girard, Manuel elémentaire, S. 600 Anm. (2. Aufl.).

Zahlung einer abstrakten Geldsumme. Die condictio furtiva dagegen ist condictio rei furtivae; und wie könnte eine abstrakte Geldsumme wohl res furtiva sein? Eine res furtiva ist notgedrungen individuell bestimmt. Res furtiva ist immer nur die res contrectata, d. h. immer nur die Sache selber, an der der Dieb sich vergriffen hat; res furtivae sind daher auch, wenn Geld gestohlen worden ist, immer nur die gestohlenen Geldstücke selber.

Mit anderen Worten: die condictio furtiva ist allemal condictio rei, und eine actio certae creditae pecuniae ex causa furtiva ist einfach ein Ding der Unmöglichkeit.

Pecunia petita est certa ..... haec pecunia necesse est aut data aut expensa lata aut stipulata sit; und: praeterea quemadmodum certam pecuniam petere possit, non reperio: diese Worte Ciceros, so vielfach mifsverstanden und so ungerechter Weise angezweifelt, sind also buchstäblich richtig.

Und es ist daher auch gewifs nicht zu kühn, wenn wir nach ihrem Vorbilde auch für die condictio certae rei einen ähnlichen Satz aufstellen und sagen: die mit condictio certae rei geforderte Sache mufs sein aut data aut stipulata aut contrectata.

Mit den Digestenstellen, die dem bisher gewonnenen Ergebnis entgegen zu stehen scheinen, werden wir uns in den folgenden Kapiteln abfinden. Sie sind samt und sonders interpoliert.

III.

INTERPOLATIONEN IN DEN DIGESTEN.

Vielleicht am handgreiflichsten ist die Interpolation in l. 8 pr. D. 13. 1, Ulpianus lib. 27 ad edictum:

In re furtiva condictio ipsorum corporum competit: sed utrum tamdiu, quamdiu exstent, an vero et si desierint esse in rebus humanis? et si quidem optulit fur, sine dubio nulla erit condictio: si non optulit durat condictio aestimationis eius: corpus enim ipsum praestari non potest.

Dafs die condictio aestimationis, das heifst doch eine actio certae creditae pecuniae auf den Betrag der aestimatio der gestohlenen Sache, interpoliert sein mufs, ergibt sich schon daraus, dafs sie durch l. 9 § 1 D. 12. 1 bestätigt wird:

Sed et ex causa furtiva per hanc actionem condicitur.

Denn was durch diese berüchtigte, heute allseitig als interpoliert anerkannte l. 9 gedeckt wird, das ist jedenfalls von vornherein verdächtig.

Dafs die condictio aestimationis interpoliert ist, ergibt sich aber auch aus der Erwägung, daſs eine solche für das klassische Recht vollkommen überflüssig ist. Gaius 2. 79 sagt so ausdrücklich wie möglich, daſs die einmal begründete condictio furtiva durch den Untergang der gestohlenen Sache nicht erlischt. Und daſs diese nicht erloschene condictio zu demselben Ziele führte wie die angebliche condictio aestimationis, nämlich zur Verurteilung in die aestimatio, bedarf nicht des Nachweises.

Daſs die condictio aestimationis interpoliert ist, ergibt sich endlich auch aus der Stelle selber. Wäre ein klassischer Jurist und Meister des Stiles je so plump aus der Mehrzahl in die Einzahl verfallen? Im Vordersatz quamdiu exs t e n t und si desie r i n t sc. corpora, im Nachsatz aestimationis e i u s, sc. rei furtivae? Und ist nicht d u r a t condictio aestimationis ein gelinde gesagt ungewöhnlicher Ausdruck des Gedankens, daſs die condictio, die ja zunächst zweifellos condictio rei ist, n i c h t fortdauert, sondern durch eine a n d e r e condictio, die actio certae creditae pecuniae, abgelöst wird?

Ulpian, das kann, meine ich, keinem Zweifel unterliegen, hatte einfach geschrieben c o n d i c t i o d u r a t, genau so wie auch Tryphonin l. 20 eod. einfach sagt: d u r a r e c o n d i c t i o n e m veteres voluerunt. Möglich sogar, daſs Ulpian das, was er geschrieben hatte, gerade mit besonderer Rücksicht auf das furtum nummorum geschrieben, daſs er nicht gesagt hatte: in r e furtiva, sondern i n n u m m i s f u r t i v i s condictio i p s o r u m c o r p o r u m competit.

Daſs die condictio furtiva allemal condictio rei ist,

haben übrigens schon Brinz[37] und Karlowa[38], und sogar ohne Annahme einer Interpolation, aus unserer Stelle herausgelesen.

Und dafs die res, die kondiziert wird, allemal die res contrectata sein mufs, wird auch nicht widerlegt durch Entscheidungen wie die in folgenden beiden Stellen.

L. 13 D. 13. 1, Paulus lib. 39 ad edictum:

Ex argento subrepto pocula facta condici posse Fulcinius ait ....

L. 14 § 2. 3 D. eod. Julianus lib. 22 digestorum:

Bove subrepto et occiso condictio et bovis et carnis et corii domino competit, scilicet si et corium et caro contrectata fuerint: cornua quoque condicentur. ....

§ 3 idem iuris est uvis subreptis: nam et mustum et vinacia iure condici possunt.

Die condictio des aus dem gestohlenen Silber gefertigten Bechers, des aus dem gestohlenen Ochsen gewonnenen Fleisches usw., des aus den gestohlenen Trauben bereiteten Mostes, hat ihren Grund einfach darin, dafs die Verarbeitung des fremden Silbers, das Schlachten und Zerlegen des Ochsen, das Keltern der Trauben eine neue contrectatio der dadurch neu geschaffenen Sachen ist. Eben darum wird auch ausdrücklich hinzugefügt: si et corium et caro contrectata fuerint.

Auch in folgender Stelle finden wir die nach klassischem Recht allein mögliche condictio rei in eine unklassische condictio einer Geldsumme verwandelt. Und

---

[37] Pand. (2. Aufl.) 2 S. 518.
[38] Grünhuts Zeitschrift 16 S. 428.

zwar handelt es sich hier und in allen folgenden Stellen um eine condictio sine causa.

L. 65 § 6. 7. D. 12. 6, Paulus lib. 17 ad Plautium:

§ 6. In frumento indebito soluto et bonitas est, et si consumpsit frumentum pretium repetet.

§ 7. Sic habitatione data pecuniam condicam, non quidem quanti locari potuit, sed quanti tu conducturus fuisses.

Dafs § 6 interpoliert sein mufs, hat, wie es scheint, schon Pernice[39] durchgefühlt. Warum klagt er sonst über dessen Unklarheit — „denn was heifst es", fragt er, „im geleisteten Getreide stecke seine Güte"? —; und zu welchem Ende rügt er den „selbst für Paulus ungemein harten Subjektwechsel"? Paulus redete eben auch hier von der condictio des verzehrten Getreides selbst. Denn dafs eine condictio sine causa nach Untergang der Sache fortdauern kann, bestätigt l. 15 D. 12. 4: ages cum Attio „dare eum tibi oportere", quia et ante mortem dare tibi eum oportuerit. Und nichts anderes meint auch Gaius 2. 79, wenn er sagt, dafs eine untergegangene Sache nicht nur einem Diebe, sondern auch quibusdam aliis possessoribus kondiziert werden könne. Dafs aber mit der condictio der untergegangenen Sache auch in diesem Falle dasselbe zu erreichen war, wie mit der angeblichen Kondiktion des Preises, sodafs diese also auch hier ganz überflüssig war, bedarf wiederum nicht des Nachweises.

---

[39] Labeo II 2 S. 100 (2. Aufl.).

Mit § 7 habe ich mich an anderem Orte[40] selber schon befaſst. Aber in der Annahme von Interpolationen damals noch allzu schüchtern, wagte ich es noch nicht[41], mich über die Worte pecuniam condicam

---

[40] Savigny-Zeitschrift 18 S. 105 f.

[41] Aus demselben Grunde habe ich a. a. O. S. 104 auch bei l. 1 pr. D. 36. 4 einen Miſsgriff getan, den man mit Recht getadelt hat. Nur weil ich es noch nicht wagte, die Stelle in dem Maſse für interpoliert zu erklären, wie sie es in Wirklichkeit ist, war ich so überkühn, die condictio, die als condictio satisdationis unmöglich ist, dadurch retten zu wollen, daſs ich sie im Sinne Ulpians auf eine fiducia bezog, die der Erbe statt der vorgeschriebenen satisdatio bestellt hätte. Recht daran geglaubt habe ich freilich selber nicht, wenn ich auch meine Bedenken durch ein „vielleicht“ wohl etwas zu leise angedeutet habe. Aber meine unausgesprochene Hoffnung, daſs ein anderer es besser machen möge, ist doch nicht ganz unerfüllt geblieben. v. Mayr a. a. O. S. 232 hat nämlich sehr richtig bemerkt, wie bedenklich auch die vielen Fragesätze sind, und auch ich bin jetzt der Meinung, daſs sie in Verbindung mit dem si quidem-si vero-Schema in der Tat „ein starkes Indiz“ im Sinne Eiseles (Savigny-Zeitschr. 7 S. 23) für die Unechtheit des ganzen Stückes von an repeti satisdatio anfangend bis condici posse abgibt. Dazu kommt dann noch die ungewöhnliche Berücksichtigung eines Rechtsirrtums, die v. Mayr (vgl. auch Gradenwitz, Interpolationen S. 153) nicht mit Unrecht „zumindest erstaunlich“ findet. Dazu kommt ferner das zweimalige quid deinde kurz hintereinander und das verdächtige benigne. Denn wie jene Wiederholung der Eigentümlichkeit so manches armseligen Produkts der Kompilatoren entspricht, „dieselben Worte zu enthalten, die kurz vorher oder kurz nachher in der kernigen Ausführung der Juristen vorkommen“, eine Eigentümlichkeit, über die Gradenwitz, Interpolationen S. 31 zu vergleichen ist: so hat in dem Worte benigne die aufgeklärte Despotie Justinians ihrem Mangel an juristischer Schärfe auch sonst noch manches Denkmal gesetzt. Vgl. l. 20 D. 12. 1 und dazu Lenel, Paling. Julian 302; Appleton, Interpolations S. 166; l. 53 D. 12. 6, l. 10 pr. D. 35. 1. Wie freilich Ulpian in Wirklichkeit geschrieben haben mag, ist nicht leicht zu sagen, da man nicht wissen kann, in welchem Maſse seine Erörterung von den Kompilatoren beschnitten worden ist.

hinwegzusetzen und, wie ich hätte tun müssen, die nach klassischem Rechte ganz unmögliche condictio des Betrages quanti tu conducturus fuisses den Kompilatoren auf die Rechnung zu setzen. Auch konnte ich mich an den von Pernice[42] ausgesprochenen Gedanken einer condictio rei auf habitationem dare nicht gewöhnen, und so beruhigte ich mich denn bei der Annahme einer condictio certae pecuniae. Heute habe ich mich überzeugt, dafs Pernice vollkommen recht hat. Der Fall steht, wie Pernice richtig bemerkt, „mitten unter Anwendungen der condictio triticaria". § 5 — dafür zeugen fructus und partus — redet von Sachen überhaupt[43], § 6, wie wir wissen, von indebite geliefertem Getreide, § 8 von einem indebite gegebenen Sklaven. § 5 und § 8 handeln ferner offensichtlich von dem, was ohne kondiziert, d. h. in der intentio genannt zu sein, venit in condictionem[44], mit anderen Worten vom officium iudicis. Die Wendung restitui debet ist dafür charakteristisch, und auch teneberis ad pretium eius ist in dem-

---

Jedenfalls aber konnte Ulpian die Möglichkeit einer condictio des Erben nicht anders als verneinen, da eine stipulatio incerta, wie die in Frage stehende Kaution, nicht als bares Geld zu behandeln war. (Vgl. Savigny-Zeitschrift 18 S. 104.) Und vielleicht genügt es daher, aus dem Tribonianischen Brei als feste Brocken die Worte herauszufischen: heres .... repetere non potest.

[42] Labeo III S. 209 Anm. 5.

[43] Ich vermute übrigens, Paulus habe lediglich von einem fundus und dessen Früchten gesprochen, und erst die Kompilatoren hätten, um einen allgemeinen Ausspruch zu erzielen, den fundus gestrichen und den Früchten abgeschmackterweise den partus an die Seite gestellt. Wer redet bei einem partus von Erstattung der impensa! Und dann debet statt debent!

[44] Vgl. l. 15 pr. D. 12. 6.

selben Sinne zu verstehen: was freilich nicht hindert, daſs Tribonian und seine Leute eine unmittelbar auf das pretium gehende condictio certi gemeint haben. Jedenfalls aber darf man daraus folgern, daſs in § 7, ebenso wie in § 6, ursprünglich nur vom officium iudicis die Rede war. Wie freilich der ursprüngliche Wortlaut war, läſst sich nicht mehr sagen. Die Kompilatoren haben das Rezept der Emser Depesche mit zuviel Eifer gehandhabt.

L. 26 § 12 D. 12. 6, Ulpianus lib. 26 ad Edictum:

Libertus cum se putaret operas patrono debere, solvit: condicere eum non posse, quamvis putans se obligatum solvit, Julianus libro decimo digestorum scribit: natura enim operas patrono libertus debet. sed et si non operae patrono sunt solutae, sed, cum officium ab eo desideraretur, cum patrono decidit, et soluit, repetere non potest. sed si opera patrono exhibuit non officiales, sed fabriles, veluti pictorias vel alias, dum putat se debere, videndum an possit condicere. et Celsus libro sexto digestorum putat eam esse causam operarum, ut non sint eaedem neque eiusdem hominis neque eidem exhibentur: nam plerumque robur hominis [aetas temporis] opportunitasque naturalis mutat causam operarum, et ideo nec volens quis reddere potest. sed hae, inquit, operae recipiunt aestimationem: et interdum licet aliud praestemus, inquit, aliud condicimus: ut puta fundum indebitum dedi et fructus condico: vel hominem indebitum, et hunc sine fraude modico distraxisti, nempe hoc solum refundere debes quod ex pretio habes: vel meis sumptibus pretiosiorem hominem feci, nonne aestimari haec debent? sic et in proposito, ait, posse condici quanti operas essem conducturus.

Auch mit dieser Stelle habe ich mich[45] schon früher beschäftigt und dabei denselben Fehler begangen wie bei der eben besprochenen l. 65. Auch bei ihr konnte ich mich nicht entschliefsen, mit Pernice[46] zu gehen und eine auf operas dare gerichtete condictio rei anzunehmen und gab ich daher einer condictio certae pecuniae auf den Betrag quanti operas essem conducturus den Vorzug. Pernice hat aber in der Tat ganz recht. Wenn die Fronden des libertus mit einer auf dare operas oportere gerichteten Klage des Patrons eingefordert werden konnten — denn dafs die actio operarum diese Fassung hatte, ist zweifellos[47] — „warum sollten sie nicht mit der gleichen zurückgefordert werden?"

Wenn also Ulpian und Celsus die Frage aufwerfen: an possit condicere, so tun sie das nicht deshalb, weil sie an der Verwendbarkeit der formula zweifelten. Sie tun es vielmehr nur, weil eine Forderung auf Rückgewähr geleisteter Dienste, jedenfalls sofern es sich um Rückgewähr in natura handelt, auf etwas unmögliches gerichtet zu sein scheint. Denn wie will man diese Dienste so bemessen und bestimmen, dafs der Berechtigte genau das, nicht weniger und nicht mehr, zurückerhält was er „gegeben" hat? Und wenn die Klage trotzdem zugelassen wird, so geschieht es augenscheinlich aus demselben Grunde, aus dem auch die condictio furtiva nach Unter-

---

[45] Savigny-Zeitschrift 18, S. 104 f.

[46] Labeo III S. 210.

[47] Vgl. Pernice a. a. O. S. 85.

gang der Sache, obwohl ihre intentio auf etwas unmögliches geht, bestehen bleibt. Sed hae operae recipiunt aestimationem, sagt Celsus. Das heifst: die Unmöglichkeit der eigentlichen Leistung schliefst eine condictio der operae, um dadurch eine Verurteilung in die aestimatio zu erlangen, nicht aus. Denn auch sonst, fährt Celsus fort, wird vielfach etwas ganz anderes kondiziert, das heifst in der intentio die condictio genannt, als man durch die Klage erreicht, zum Beispiel — doch nein, Celsus sagt wider Erwarten etwas ganz anderes. Licet aliud praestemus aliud condicimus: so wie die Worte dastehen, sind sie offenbar der Ausdruck des Gedankens, dafs man vielfach etwas anderes kondiziere, als man selber geleistet habe. Aber abgesehen davon, dafs es dann wohl praestiterimus heifsen müfste, verrät sich die Hand des Interpolators namentlich dadurch, dafs das Wort praestare offenbar nicht der richtige Ausdruck jenes Gedankens ist. Das „Kondiktionenwort" für die kondiktionbegründende Leistung ist doch „dare". Wogegen „praestare" dann am Platze ist, wenn von dem gehandelt wird, was, ohne in der intentio genannt zu sein, officio iudicis gewährt werden mufs. Sollte der Jurist also nicht vielmehr dem Gedanken haben Ausdruck geben wollen, dafs man häufig etwas anderes ersetzt verlange und ersetzt bekomme, als man kondiziere, das heifst in der intentio der condictio nenne? Wie das ausgedrückt war, ist freilich schwer zu sagen. Vielleicht ähnlich wie in l. 12 D. 12. 4 (Paulus lib. 6 ad Legem Juliam et Papiam):

Cum quis mortis causa donationem, cum convaluisset

donator, condicit, fructus quoque donatarum rerum et partus et quod adcrevit rei donatae repetere potest.

Repetere, obwohl im allgemeinen als gleichbedeutend mit condicere gebraucht, braucht hier nicht interpoliert zu sein[48]. Als der allgemeinere Ausdruck pafst es sehr wohl auch für das, was nur in iudicio gefordert werden kann. Sollte also Paulus vielleicht auch hier geschrieben haben: licet aliud repetamus aliud condicimus? Und wenn er etwa nur petamus schrieb, war die Änderung in praestemus noch leichter. Doch sei dem wie ihm wolle: zu dem Gedanken, wie er auch ausgedrückt gewesen sein mag, stimmt es jedenfalls, wenn es in dem Beispiele des indebite geleisteten und vom Empfänger bona fide weiter verkauften Sklaven heifst: nempe hoc solum refundere debes quod ex pretio habes. Refundere ist offenbar nur ein anderer Ausdruck für praestare oder restituere. Nicht minder stimmen dazu die übrigen Beispiele, so schlimm sie, wohl um zu kürzen, von den Kompilatoren zugerichtet sind. Fundum indebitum dedi et fructus condico: das Gewöhnliche ist aber doch, dafs nicht Früchte statt eines Grundstücks, sondern dafs ein Grundstück und auch die Früchte, et fructus in diesem Sinne, zurückgefordert und zurückerstattet werden. Jedenfalls ist es Sache des iudex, dem Kläger die Früchte zuzusprechen[49]. Was soll es ferner heifsen: meis sumptibus pretiosiorem hominem

---

[48] Dagegen kann in l. 7 § 1 D. eod. die condictio fructuum nicht echt sein. L. 15 pr. D. 12. 6 sagt Paulus nur: fructus in condictionem venient.

[49] l. 15 pr. D. 12. 6.

feci, nonne aestimari haec debent? Bis dahin war ego der Kläger; aber von Verwendungen des Klägers zu reden, hat keinen Sinn. Verstehen wir unter ego den Beklagten, so haben wir nicht nur einen verdächtigen Subjektwechsel, sondern müssen uns auch fragen, was gemeint sei: dafs der Beklagte seine Verwendungen bei der Abschätzung abziehen oder dafs er sie im Gegenteil mit der Schätzungssumme noch einmal zahlen müsse? Vergleicht man, dafs nach l. 13 D. 13 1. der Dieb, der aus dem gestohlenen Silber einen Becher verfertigt hat, im Fall der Kondiktion des Bechers den Wert seiner eigenen Arbeit mit vergüten mufs, so kann nur das letzte gemeint sein. Aber bei condictio furtiva läfst man sich so etwas gefallen, nicht dagegen bei einer condictio indebiti. Dieses Durcheinander ist, meine ich, nur ein Beweis mehr für den Eingriff der Kompilatoren, und auch die bei ihnen beliebte Form der rhetorischen Frage deutet dahin. Paulus wird sich deutlicher, allerdings auch weitläufiger ausgelassen haben. Und auf jeden Fall dachte er bei der aestimatio an den iudex, dessen Sache sie allein ist.

Dieser Auffassung der Stelle steht es nicht im Wege, gereicht ihr vielmehr zur Stütze, dafs Marcian in l. 25 D. 19. 5 die Zulässigkeit einer auf operas dare gerichteten condictio leugnet, dadurch aber in offenen Widerspruch mit sich selber gerät. Behauptet er nämlich dort, dafs si per errorem operae indebitae datae sunt ipsae repeti non possunt, so sagt derselbe Jurist in l. 40. § 2, D. 12. 6, die aus demselben Buche desselben Werkes, libro 3 regularum, entnommen ist, dafs si pactus fuerit patronus cum liberto ne operae ab eo petantur, quidquid postea solutum fuerit a liberto repeti potest. Dieser noch von Pernice[50] für ebenso handgreiflich wie unlösbar erklärte Widerspruch verschwindet auf die einfachste Weise, wenn wir auch l. 25 cit. für interpoliert nehmen, und zwar für in Übereinstimmung mit l. 26 § 12 cit. interpoliert. Denn in l. 26 § 12 hatten die Kompilatoren ja die klassische condictio operarum durch eine condictio ihres Wertes ersetzt, also aus der Unmöglichkeit der Rückgewähr in natura, die Paulus im Sinne gehabt hatte, eine Unmöglichkeit der Kondiktion gemacht. Das ist es aber, was in l. 25 mit den Worten ipsae repeti non possunt gesagt werden soll. In l. 40 § 2 D. 12. 6 dagegen hat man achtlos das klassische Recht bestehen lassen.

L. 19 D. 39. 6 Julianus lib. 18 digestorum:

Si filio familias res mortis causa data fuerit et convaluisset donator, actionem de peculio cum patre habet: at si pater familias, cum mortis causa donationem accepisset, in adoptionem se dederit, res ipsa a donatore repetitur. nec huic similis est is, qui rem, quam mortis causa acceperat, alii porro dederit: nam donator huic non rem sed pretium eius condiceret.

Hier ist der Ausdruck nec huic similis ebenso unschön und ungewöhnlich, wie die Bemerkung selber schief ist. Die Juristen pflegen sonst in solchen Fällen sich anderer Wendungen zu bedienen, wie alia causa est eius qui etc., oder diversa causa est etc. Und sind die beiden Fälle,

---

[50] Labeo III S. 210 Anm. 2.

die der Jurist gegenüberstellt, sich nicht im Gegenteil in einer Weise sehr ähnlich, insofern nämlich, als bei beiden das Eigentum der geschenkten Sache von dem Beschenkten auf einen dritten übergegangen ist? Natürlicher wäre es also gewesen, von dieser Ähnlichkeit auszugehen und an sie anknüpfend dann den Unterschied hervorzuheben, dafs im Falle der Adoption die Verpflichtung des Beschenkten auf den Adoptivvater übergeht, während, wenn die geschenkte Sache weiter veräufsert wird, der Beschenkte forthaftet. Ich meine daher, Julianus hätte eleganter und angemessener geschrieben: nec huic absimilis est etc., und erst die Kompilatoren fanden es richtiger zu betonen, dafs nach ihrem Recht nur im Fall der Adoption die Sache selbst, im Fall der Veräufserung dagegen nur ihr Wert kondiziert werden könne.

L. 37 § 1 D. 39. 6, Ulpianus lib. 15 ad legem Juliam et Papiam:

Julianus ait: si quis servum mortis causa sibi donatum vendiderit et hoc vivo donatore fecerit, pretii condictionem donator habebit si convaluisset et hoc donator elegerit. alioquin et ipsum servum restituere compellitur.

Dafs die pretii condictio hier interpoliert ist, läfst sich zwar nicht besonders nachweisen. Dafs die Stelle aber auch sonst nicht unberührt ist, hat bereits Lenel[51] erkannt.

L. 39 D. eod. Paulus lib. 17 ad Plautium:

Si is, cui mortis causa servus donatus est, eum

---

[51] Pal. Ulpian 2036.

manumisit, tenetur condictione in pretium servi, quoniam scit posse sibi condici si convaluerit donator.

Hier ist die Annahme einer Interpolation überhaupt nicht nötig, da die Stelle, versteht sich im Sinne des Paulus, auch ohne solche auf das officium iudicis bezogen werden kann. Und vollends unschädlich ist die folgende Stelle:

L. 17 § 1 D. 23. 3, Paulus lib. 7 ad Sabinum:

Si re aestimata data nuptiae secutae non sint, videndum est, quid repeti debeat, utrum res an aestimatio. sed id agi videtur, ut ita demum aestimatio rata sit, si nuptiae sequantur, quia nec alia causa contrahendi fuerit, res igitur repeti debeat, non pretium.

Es handelt sich in dieser Stelle überhaupt nicht darum, ob statt einer res in dotem data eine pecunia gefordert werden kann, die nicht data ist: es handelt sich vielmehr darum, was von vornherein als „gegeben“ anzusehen sei, die res oder die aestimatio.

L. 5 § 18 D. 24. 1, Ulpianus lib. 32 ad Sabinum:

In donationibus autem iure civili impeditis hactenus revocatur donum ab eo eave cui donatum est, ut si quidem exstet res vindicetur, si consumpta sit condicatur hactenus quatenus locupletior quis eorum factus sit.

Die Kompilatoren haben das gewifs so gemeint, dafs die condictio auf den Geldbetrag zu richten ist, um den der Beschenkte bereichert ist. Im Sinne Ulpians kann sie nur auf die Sache selbst gehen, die geschenkt worden, also data ist, und die Beschränkung der Kondemnation auf den Betrag, um den der Beschenkte noch bereichert ist, war Sache des iudex. In der Tat ist der Stil der

Stelle nichts weniger als schön. Man kann sagen: eatenus — quatenus und man kann auch sagen: eatenus — ut. Aber eatenus — ut — eatenus — quatenus? Wir haben, meine ich, die Wahl, entweder alles was auf condicatur folgt, zu streichen, oder die Worte ut si quiden bis hactenus hinauszuwerfen. Für diesen zweiten Ausweg scheint zu sprechen, dafs Ulpian in l. 7. pr. eod. an die Worte locupletior factus anzuknüpfen scheint. Doch steht auch, wenn man den ersten Ausweg vorzieht, nichts im Wege, anzunehmen, dafs Ulpian in der Tat eine Bemerkung über die Beschränkung der Kondemnation auf die noch vorhandene Bereicherung hinzugefügt hatte. Und l. 7. pr. handelt jedenfalls vom officium iudicis.

Ebenso wird auch l. 33 § 1 D. 24. 1: condicere in quantum locupletior factus est zu verstehen sein.

Wegen l. 5 § 2. 3 D. 12. 4. endlich genügt es auf Gradenwitz[52] zu verweisen.

[52] Interpolationen S. 166 ff.

IV.

INTERPOLATIONEN, FORTSETZUNG.

Was sagen wir nun aber zu der folgenden sehr bekannten und sprachlich, wie es scheint, unanfechtbaren Stelle?

L. 23 D. 12. 1, Africanus lib. 2. quaestionum:

Si eum servum qui tibi legatus sit quasi mihi legatum possederim et vendiderim, mortuo eo posse te mihi pretium condicere Julianus ait, quasi ex re tua locupletior factus sim.

Auch diese condictio pretii verstöſst gegen den Satz, daſs eine condictio sine causa auf Geld nur möglich ist, wenn Geld „gegeben" ist; und zwar verstöſst sie dagegen in noch schlimmerer Weise als die bisher der Interpolation verdächtigten Stellen, in denen doch wenigstens die Sache, an deren Stelle Geld gefordert wurde, „gegeben" war, während im vorliegenden Falle auch davon keine Rede sein kann. Die Sache, deren Preis kondiziert werden soll, ist vielmehr augenscheinlich per vindicationem legiert worden, und der falsche Legator hatte sie daher nur kraft seines ihm angeblich schon zustehenden Eigentumsrechts, vielleicht sogar eigenmächtig, in Besitz genommen. In der Tat beruft die Stelle selber sich, um die condictio zu rechtfertigen, auf einen ganz anderen Grund, auf den bekannten Billigkeitsgrund nämlich, dafs niemand sich mit dem Schaden des anderen bereichern dürfe, denselben Grundsatz, der auch in l. 14 D. 12. 6 und l. 206 D. 50. 17 in allgemeinerer Form ausgesprochen ist, und der in der Lehre von den Kondiktionen bekanntlich eine sehr grofse Rolle gespielt hat.

Wir wollen, da der Angriff in der Front aussichtslos zu sein scheint, gewissermafsen durch eine Umgehung zum Ziele zu gelangen suchen.

Die Kompilatoren, so sehr sie auf ihre Art bestrebt gewesen sind, die eng und scharf gezogenen Grenzen des klassischen Kondiktionenrechts zu erweitern oder zu verwischen: ganz haben sie es doch nicht verhindern können, dafs hie und da unter der byzantinischen Tünche das Bild des klassischen Rechts, so wie Cicero es andeutet, in seinen ursprünglichen Umrissen und Farben hervorleuchtet:

Eine solche Stelle ist l. 33 D. 12. 6, Julianus lib. 39 digestorum:

Si in area tua aedificassem et tu aedes possideres, condictio locum non habebit, quia nullum negotium inter nos contraheretur: nam is, qui non debitam pecuniam solverit, hoc ipso aliquod negotii gerit: cum autem aedificium in area sua ab alio positum dominus occupat nullum negotium contrahit. sed et si is, qui in aliena area aedificasset, ipse possessionem tradidisset, condictionem non habebit, quia nihil accipientis faceret, sed suam rem dominus habere incipiat. et ideo constat, si quis, cum existimaret se heredem esse, insulam hereditariam fulsisset, nullo alio modo quam per retentionem impensas servare posse.

Julian will erklären, warum es wegen Verwendungen auf ein fremdes Grundstück kein anderes Mittel gibt als die Retention. Der Sinn seiner Erklärung ist aber einfach der: weil nirgends eine datio vorliegt, wie sie zur Begründung der condictio erforderlich ist. Dafs die Verwendungen als solche keine datio darstellen, an eine condictio also, die geraden Weges auf Ersatz ginge, nicht zu denken ist, bedarf nicht der Erwähnung, und Julian verliert darüber kein Wort. Vielmehr erörtert er lediglich die Frage, warum der Eigentümer, der die Sache, ohne Ersatz geleistet zu haben, wieder besitzt, nicht durch eine condictio des Grundstücks, die ihm das Retentionsobjekt wieder entwindet, wenigstens mittelbar zum Ersatz der Verwendungen genötigt werden kann. Das geht deshalb nicht, sagt Julian, weil, wenn der Eigentümer sich eigenmächtig wieder in den Besitz gesetzt hat, überhaupt kein Rechtsgeschäft, und wenn der andere ihm den Besitz herausgegeben hat, jedenfalls keine datio vorliegt[53].

Dafs dies aber in der Tat die Frage ist, die Julian aufwirft, und dies der Sinn seiner Antwort, ergibt der Vergleich mit einer anderen Stelle desselben Verfassers, die auch aus demselben Buche desselben Werkes, dem

[53] Vgl. auch Savigny-Zeitschrift 18 S. 87.

9.3 seiner Digesten, entnommen ist, und die ohne Zweifel im engsten Zusammenhang mit ihr gestanden hat: ich meine l. 60 D. 30[54], neben der dann weiter auch l. 40 § 1 D. 12. 6 und l. 5 § 2 D. 25. 1, jene von Marcian, diese von Ulpian, genannt werden müssen. Diese Stellen, mit denen ich mich schon bei früherer Gelegenheit befaſst habe[55] — um zu zeigen, daſs die condictio incerti darin wie sonst überall interpoliert sei — besagten nämlich in ihrer ursprünglichen Gestalt, daſs eine andere Entscheidung allerdings dann möglich sei, wenn die Sache, die ohne Ersatz der Verwendungen herausgegeben worden ist, aus einem Fideikommiſs, oder fügen wir hinzu, einem Damnationslegat geschuldet war, oder wenn Dotalsachen unter denselben Umständen zurückerstattet worden sind. Eine solche Herausgabe und Rückerstattung, eben weil sie solvendi causa erfolgt, überträgt wirklich Eigentum, ist eine datio mit einem Wort, und einer condictio des ohne Rücksicht auf die Verwendungen Geleisteten, quasi plus debito soluti, d. h. unter dem Gesichtspunkt, als habe man damit mehr geleistet, als man schuldig sei, steht daher nichts im Wege[56].

---

[54] Lenel, Pal., faſst beide unter einer Nummer — Julian 551 — zusammen.

[55] Savigny-Zeitschrift 18 S. 86 ff.

[56] Die Einwendungen, die H. Krüger in der Savigny-Zeitschrift 21 S. 425 f. gegen diese Verwendung der condictio rei erhoben hat, vermag ich nicht tragisch zu nehmen. Ich hatte eine solche auch in l. 3 § 10 D. 35. 3 nachgewiesen, einer Stelle von Ulpian, in der Pomponius als Gewährsmann angeführt wird. „Bisher," ruft nun Krüger allen Ernstes aus, „hat noch niemand daran gedacht, aus der Stelle des Pomponius eine condictio des ganzen Legats herauszulesen!" An das Ei des Kolumbus hatte aber bekanntlich

Noch in einer anderen Lehre, es ist die von der Konsumtion fremder Sachen, treten die Umrisse des klassischen Rechts unverwischt zutage.

Wenn eine fremde Sache konsumiert wird, so entsteht daraus nicht ohne weiteres eine condictio. Eine solche ist vielmehr wiederum nur dann gegeben, wenn einer der bekannten Kondiktionstatbestände vorliegt, als welche aber nur furtum und datio in Betracht kommen können. Die Konsumtion der fremden Sache hat dabei überhaupt nur die Bedeutung, dafs sie den Tatbestand des furtum oder der datio zur Vollendung bringt. Wieso, bedarf für das furtum nicht der Erörterung; für die datio werde ich es sogleich zeigen[57].

Gesetzt, ein pupillus, minor, furiosus, prodigus hat ein Darlehen gegeben oder eine Nichtschuld gezahlt.

---

auch niemand gedacht. Ferner hatte ich die Widerlegung der von Pomponius vertretenen Lehre durch Papinian in l. 7 § 4 D. 33. 4 mit zum Beweise genommen, dafs eine solche Lehre in der Tat bestanden habe. Sofort verlangt Krüger, dafs Papinian dann auch den Namen des Pomponius hätte nennen müssen! Und „hätte sie Papinian wirklich so treffend widerlegt", fragt er zum Schlufs, „wie sollte nachher wieder Ulpian, vor allem aber Paulus und Marcian, die Pflüger unbefangen (weil ich nämlich auch von ihnen entsprechende Entscheidungen anführe) den Weg wandeln läfst, den Pomponius vorgezeichnet habe, auf sie verfallen?" Aber wer sagt denn, dafs dem fühlbaren Bedürfnis gegenüber, dem die Lehre des Pomponius (ursprünglich wohl des Julian, vgl. a. a. O. 86) abhelfen sollte, der Widerspruch Papinians in der Praxis durchgedrungen sei? Und dafs die späteren Juristen, dafs namentlich Ulpian die Lehre des Pomponius ausdrücklich nur utilitatis gratia und propter aequitatem gebilligt haben (l. 3 § 10 cit., l. 5 § 2 D. 25. 1), hat Krüger, so sehr ich es betont habe, in seiner Befangenheit wohl nicht bemerkt.

[57] Vgl. zum folgenden Heimbach, Creditum S. 178 ff., 192 ff.

Eine wirksame datio ist das, weil der pupillus, minor, furiosus, prodigus Eigentum nicht übertragen kann, zunächst nicht. Sobald aber der Empfänger das Geld konsumiert und dadurch das Eigentum des pupillus usw. zerstört, wird dieser Untergang des Eigentums, weil er wirtschaftlich dem Empfänger zugute kommt, dem Übergange gleich geachtet[58]. Er gilt als datio, weil es doch immerhin der Wille des Eigentümers ist, der alles dies verursacht hat, weil, wie Ulpian[59] sagt, das Geld facto eius intellegitur ad eum qui acceperit pervenisse.

Ebenso bei Schenkung unter Ehegatten. L. 5 § 18 D. 24. 1, die das ausspricht, hat uns bereits beschäftigt. Ebenso wenn das auf Übertragung des Eigentums gerichtete Geschäft mangels Einverständnisses der Parteien nicht zustande kommt: der Fall der berühmten l. 18 pr. D. 12. 1 und der zweite Fall von l. 18 § 1 eod. Aber auch in dem ersten Falle der l. 18 § 1, wo Geld als gewöhnliches Depositum gegeben und als Darlehen empfangen und konsumiert worden ist, hat die condictio ihren Grund nur darin, dafs die Hingabe zum Depositum durch die Konsumtion als zur datio im technischen Sinne geworden angesehen wird.

Ebenso endlich und ganz besonders charakteristisch, wenn fremdes Geld als Darlehen gegeben oder eine Nichtschuld damit gezahlt worden ist. Der durch die Konsumtion des Geldes Geschädigte, auf dessen Kosten der Empfänger sich bereichert, ist der Eigentümer. Aber

58 l. 19 § 1 D. 12. 1, l. 12 D. eod., l. 29 D. 12. 6, l. 24 D. 44. 7, § 2 J. 2. 8.

59 l. 19 § 1 cit.

wem die condictio zusteht, richtet sich ganz allein nach der datio. Und hätte der Darleiher oder wer die Nichtschuld zahlt, das Geld gestohlen: er ist der „Geber“, und die condictio gegen den Empfänger steht daher nur ihm zu[60]. Der Eigentümer als solcher hat eine condictio immer nur ex causa furtiva.

Folgende Stelle scheint jedoch eine Ausnahme zu machen.

L. 19 § 1 D. 24. 1, Ulpianus lib. 32 ad Sabinum:

Idem (sc. Julianus) quaerit, si ex re mariti ea ancilli comparata fuerit, an adversus agentem mulierem de dote maritus pretium possit per exceptionem retinere. et dicendum est posse maritum et exceptionem habere si dos ab eo petetur secundum Marcelli sententiam, et si solverit secundum Julianum condicere posse.

Ein Sklave der Frau — die näheren Umstände ergeben sich aus dem Principium — hat Geld des Mannes zum Ankauf einer Sklavin verwendet, also, da das Eigentum für die Frau erworben ist, die Frau auf Kosten des Mannes bereichert. Von einer datio des Mannes ist nicht die Rede und von einem furtum des Sklaven auch nicht. Dennoch gibt Julian, wie es scheint, dem Manne eine condictio des Geldes. Sehen wir aber genauer zu, so handelt es sich wieder einmal um die condictio indebiti quasi plus debito soluti. Dafs die Kompilatoren eine condictio des Geldes gemeint haben, wollen wir nicht bestreiten. Julian, vermutlich der Erfinder der condictio

---

[60] l. 12 i. f. D. 12. 1, l. 13 pr. § 1, l. 19 § 1 i. f. eod. l. 24 § 2 D. 44. 7, l. 56 § 2 D. 46. 1; vgl. auch l. 17, l. 78 D. 46. 3.

indebiti quasi plus debito soluti[61], meint eine condictio der dos, durch deren unverkürzte Herausgabe der Mann gewissermaſsen „zu viel" geleistet hat.

Schwieriger ist dagegen folgende Stelle.

L. 30 pr. D. 19. 1, Africanus lib. 7 quaestionum:

Servus, quem de me cum peculio emisti, prius quam tibi traderetur, furtum mihi fecit. quamvis ea res quam subripuit interierit, nihilominus retentionem eo nomine ex peculio me habiturum ait, id est ipso iure ob id factum minutum esse peculium[62], eo scilicet quod debitor meus ea causa condictionis sit factus. nam licet, si iam traditus furtum mihi fecisset, aut omnino condictionem eo nomine de peculio non haberem aut eatenus haberem quatenus ex re furtiva auctum peculium fuisset, tamen in proposito et retentionem me habiturum et, si omne peculium penes te sit, vel quasi plus debito solverim posse me condicere. secundum quae dicendum: si nummos quos servus iste mihi subripuerat, tu ignorans furtivos esse quasi peculiares ademeris et consumpseris, condictio eo nomine mihi adversus te competet, quasi res mea ad te sine causa pervenerit.

Die Schwierigkeit liegt im letzten Satze. Wenn der Herr von seinem Sklaven gestohlenes Geld, ohne von dem Diebstahl zu wissen, an sich nimmt und verbraucht, so ist das kein furtum, geschweige eine datio. Dennoch gibt Africanus dem Eigentümer des Geldes eine condictio!

Sehen wir auch hier genauer zu, und ziehen wir

[61] Savigny-Zeitschrift 18 S. 86.

[62] id est — peculium Trib. Eisele, in Savigny-Zeitschrift 11 S. 8.

dabei auch den übrigen Teil der Stelle in Betracht, so kann wiederum kein Zweifel darüber sein, dafs die condictio, die Africanus im Sinne hatte, nicht die condictio des Geldes ist, das der Herr an sich genommen und verbraucht hat, sondern die condictio des ohne Abzug herausgegebenen Peculiums, quasi plus debito soluti. Dafs die Kompilatoren anderer Meinung waren, ist allerdings ebenso wenig zu bezweifeln.

Ein mit seinem Peculium verkaufter Sklave hat noch schnell die Gelegenheit benutzt, seinen bisherigen Herrn zu bestehlen. Die gestohlene Sache ist untergegangen und es fragt sich, ob der Käufer für den Schaden aufkommt. Africanus unterscheidet. War der Sklave dem Käufer bereits übergeben — es empfiehlt sich, diesen von Africanus an zweiter Stelle genannten Fall zuerst zu nehmen —, so hat der Verkäufer gegen den Käufer als den gegenwärtigen wenn auch nur bonitarischen Eigentümer eine condictio furtiva de peculio utilis, die auf die Bereicherung des Peculiums beschränkt ist[63]. War der Sklave noch nicht übergeben, der Verkäufer also selber noch Eigentümer, so kommt in Betracht, dafs der Sklave seinem Herrn wegen des Diebstahls ebenso naturaliter verpflichtet ist, wie ein Freier civiliter mit der condictio furtiva haften würde. Infolge dessen ist der Verkäufer berechtigt, entweder diesen Betrag bei Auslieferung des Peculiums abzuziehen oder das Peculium selbst so lange zu retinieren, bis der Käufer den Schaden

63 verb.: quatenus ex re furtiva auctum peculium fuisset. Vgl. l. 4 D. 13. 1, l. 3 § 12 D. 15. 1, l. 3 § 4 D. 25. 2. v. Tuhr, Actio de in rem verso, S. 161 ff.

ersetzt hat. Ja, er hat sogar, wenn er das Peculium ohne das Retentionsrecht auszuüben herausgegeben hat, die condictio indebiti auf Rückstellung des Retentionsobjekts, quasi plus debito solverit.

So dachte und in diesem Sinne schrieb Africanus. Die Kompilatoren dagegen verstanden die condictio als eine solche unmittelbar auf den Betrag, um den der Käufer durch die unverkürzte Auslieferung des Peculiums bereichert ist. Und während Africanus als Grundlage des Retentionsrechts nur die naturalis obligatio des Sklaven gegenüber seinem Herrn gemeint haben konnte, kamen diese Braven sich gewifs ganz besonders gescheit vor, als sie, um zu kürzen, die naturalis obligatio strichen, und die Verpflichtung des Käufers, die in jener condictio sich verkörperte, an ihre Stelle setzten. Sie glaubten so den besonderen Satz sparen zu können, den Africanus nötig gehabt hatte, um zu sagen, dafs dem Verkäufer aufser seinem Retentionsrecht noch ein anderes Mittel zur Verfügung stehe. Dieser Eingriff der Kompilatoren verrät sich aber einmal durch das unverändert gebliebene debitor . . . sit factus, das sich nicht, wie der Sinn der Stelle es jetzt erfordert, auf den Käufer, sondern immer noch auf den Sklaven und seine naturalis obligatio bezieht[64], obwohl von einer eigentlichen Ver-

---

[64] Bisher fand man sich mit den Worten: eo scilicet quod debitor meus ex causa condictionis sit factus, gewöhnlich in der Weise ab, dafs man sie doch auf den Sklaven bezog. Auch der Sklave, solle damit gesagt sein, werde „immer insoweit wenigstens naturaliter aus dem begangenen Diebstahl verbindlich, als die condictio

pflichtung ex causa condictionis bei einem Sklaven nicht die Rede sein kann. Und dann, was für ein Unsinn! Erst hat der Verkäufer das Retentionsrecht, weil er die condictio hat, und einen Satz darauf — nam licet etc. — wird dies dadurch gerechtfertigt, dafs er nicht nur das Retentionsrecht habe, sondern auch die condictio[65]!

Und wenn Africanus nun fortfährt mit secundum quae dicendum, dann kann auch die condictio, von der im folgenden die Rede ist, nur als condictio indebiti in dem bereits angegebenen Sinn gemeint gewesen sein. Africanus hatte wohl überhaupt wieder unterschieden. War der Sklave noch nicht übergeben, so hatte der Verkäufer ebenso wie im ersten Fall die Retention des Peculiums, und falls er sie versäumt hatte, die oben genannte condictio des Peculiums quasi plus debito soluti. War der Sklave dagegen bereits übergeben, so war dem bestohlenen Verkäufer nicht zu helfen, denn das Peculium war nicht bereichert, und im Fall der ademptio peculii, wie sie hier vorliegt, versagte auch die actio de in rem verso[66]. Der Kompilatoren menschenfreundlicher Sinn aber nahm daran Anstofs; sie wollten, dafs der Verkäufer auch in

---

furtiva gegen einen freien Menschen stattfindet, wenn dieser einen Diebstahl begangen hätte". Vgl. Glück, Pand. 13 S. 195; Savigny, System V S. 561. Dafs Africanus es so gemeint hatte, ist mir allerdings zweifellos. Aber so wie die Stelle jetzt lautet, mufs man es gewaltsam in sie hineintragen. Da finde ich die Annahme einer Interpolation schmerzloser.

[65] Auch Pernice, Labeo III. 251 Anm. 2 findet es zweifelhaft, ob uns die Stelle ganz unberührt überliefert ist.

[66] l. 5 § 3 D. 15. 3. Vgl. auch v. Tuhr, actio de in rem verso S. 165.

diesem Falle die condictio habe. Nur sie können es also gewesen sein, die auf dicendum folgen liefsen: condictio competet. Auch die Rechtfertigung der verallgemeinerten condictio in den Worten: quasi res mea ad te sine causa pervenerit stammt wohl von ihnen. Der Grund für diese Annahme wird sich später ergeben.

Dafs endlich auch die Kondiktion konsumierter Früchte, von der in den Quellen mehrfach die Rede ist[67], unserem Satze nicht im Wege ist, ihn vielmehr zur Anwendung bringt, bedarf nicht der Erörterung. Es genügt, auf Witte[68] zu verweisen, der in überzeugender Weise dargetan hat, dafs es sich dabei allemal um eine condictio furtiva handelt.

Ebenso wie mit der Konsumtion steht es aber auch mit der Spezifikation, wenigstens nach Proculianischer Lehre. Auch die Spezifikation begründet eine condictio nicht schon deshalb, weil der Spezifikant auf Kosten des bisherigen Eigentümers sich bereichert hat, sondern erst dann, wenn entweder ein furtum vorliegt oder durch die Spezifikation eine bis dahin unvollkommene datio vollendet wird. Von dem ersten Fall handelt Gaius in der sogleich zu besprechenden Stelle seiner Institutionen 2. 79. Von der Vollendung einer unvollkommenen datio ist in folgender Stelle die Rede:

L. 29 § 1 D. 24. 1, Pomponius lib. 14 ad Sabinum:

Si vir uxori lanam donavit, et ex ea lana vestimenta sibi confecit, uxoris esse vestimenta Labeo ait.

---

[67] l. 4 § 2 D. 10. 1, l. 22 § 2 D. 13. 7, l. 18 D. 44. 1, l. 68 § 5 D. 47. 2, c. 3 C. 4. 9, c. 4 § 2, C. 9. 32.

[68] Bereicherungsklagen S. 302 ff.

Dafs der Schenker die condictio hat, wird allerdings nicht gesagt. Statt dessen haben die Kompilatoren in die Erörterung des Pomponius, die sich in l. 31 fortsetzt, einen angeblichen Ausspruch von Gaius eingeschoben.

L. 30 D. eod. Gaius lib. 11 ad edictum provinciale: Utilem tamen viro competere.

Mit welcher utilis actio ohne Zweifel eine utilis in rem actio, nicht der Wolle sondern des Gewebes, gemeint ist, die aber hier wie sonst interpoliert ist[69]. Dafs nach klassischem Recht der Schenker eine condictio hat, natürlich nicht des Gewebes sondern der Wolle, die allein data ist, ergibt die Analogie der Konsumtion. Und im Grunde ist die Spezifikation in einer Beziehung nichts als eine Art der Konsumtion. Aufserdem wird niemand es bestreiten wollen. Fraglich ist dagegen, ob nicht doch auch ohne datio und furtum eine condictio gegeben ist.

Man hat dies wegen Gaius 2. 79 behauptet, wo Gaius über die Lehre der Proculianer und ihre Konsequenzen wie folgt berichtet:

Alii vero eius rem esse putant qui fecerit, idque maxime diversae scholae auctoribus visum est; sed eum quoque, cuius materia et substantia fuerit, furti adversus eum qui subripuerit habere actionem; nec minus adversus eundem condictionem ei competere, quia extinctae res, licet vindicari non possint, condici tamen furibus et quibusdam aliis possessoribus possunt.

Unter diesen quidam alii possessores hat man nicht

---

[69] Mancaleoni, Contributo alla storia e alla teoria della rei vindicatio utilis, S. 50 ff. Vgl. auch Krüger, Savigny-Zeitschrift 16 S. 5.

diebische Spezifikanten im Gegensatz zu den von Gaius vorher genannten diebischen Spezifikanten verstehen und die letzten Worte nun so auslegen wollen, als hätten die Proculianer neben der condictio furtiva gegen den diebischen auch noch eine condictio sine causa gegen nicht diebische Spezifikanten gewährt. Dabei streitet man, ob diese condictio sine causa, wie Savigny[70] will, gegen jeden Gutgläubigen, oder ob sie mit Witte[71], um den quibusdam possessoribus besser gerecht zu werden, nur gegen gewisse, die namhaft gemacht werden, zuzulassen sei. Eins ist so verkehrt wie das andere. Soweit Gaius die Proculianer reden läfst — bis competere — handelt es sich um keine andere condictio als die condictio gegen den Dieb: furti adversus eum qui subripuerit . . . adversus eundem condictionem . . . competere. Von quia bis possunt dagegen — man beachte den Indikativ — redet Gaius selber, und dafs Gaius selber eine condictio sine causa zugelassen hätte, ist schon deshalb ausgeschlossen, weil Gaius, wie Jhering[72] richtig bemerkt, „da er sich zur Ansicht der Sabinianer bekannte, dem Stoffeigentümer, der ihr zufolge das Eigentum gar nicht verloren hatte, gar keine condictio zugestehen konnte“. Anderseits ist es aber wieder nicht ganz richtig, wenn Jhering meint, die Bemerkung des Gaius treffe überhaupt nur die condictio furtiva. Dafs extinctae res . . . condici tamen furibus et quibusdam aliis posses-

---

[70] System V S. 524 Anm. b. Ebenso Arndts, Pand. § 155 Anm. 4.

[71] Bereicherungsklagen S. 306. 329 f.

[72] Jahrb. für Dogmatik 16 S. 250.

soribus possunt, ist vielmehr von jeder condictio rei gesagt. Aber Gaius sagt es allerdings nur aus Anlaſs der condictio furtiva gegen den Specifikanten. Wenn man sich einmal auf den Standpunkt der Proculianer stelle, will er sagen, dann stehe einer solchen condictio in der Tat nichts entgegen, auch nicht, daſs die gestohlene Sache durch die Spezifikation untergegangen ist. Denn eine condictio einer nicht mehr vorhandenen Sache sei nichts Ungewöhnliches. Namentlich einem Diebe gegenüber bleibe die condictio durch den Untergang der Sache immer unberührt; einem anderen Verpflichteten gegenüber bleibe sie es wenigstens unter gewissen Umständen: daher aliis quibusdam. Was die condictio gegen den Dieb betrifft, so sagt Gaius also nichts anderes als Ulpian und Tryphonin in l. 8 pr. und l. 20 D. 13. 1. Und auch einen der alii possessores haben wir früher bereits kennen gelernt. Es ist der Beklagte in dem Fall der l. 15 D. 12. 4. Der beschenkte Ehegatte der l. 29 § 1 D. 24. 1 wäre gleichfalls einer.

In der entsprechenden Institutionenstelle § 26 J. 2. 1 freilich haben die Worte des Gaius mit der veränderten Beziehung und der veränderten Form auch eine andere Bedeutung angenommen. Statt auf die condictio gegen den Spezifikanten sind sie dort auf die condictio gegen den der alienam purpuram intexuit suo vestimento bezogen. Et qui dominus fuit purpurae, heiſst es jetzt, adversus eum qui subripuit habet furti actionem et condictionem, sive ipse est qui vestimentum fecit, sive alius. nam extinctae res licet vindicari non possint, condici tamen a furibus et a quibusque aliis possessoribus possunt. Die Ausgaben lesen zwar mit Gaius quibusdam. Es leidet aber meines Erachtens gar keinen Zweifel, dafs die auch von Theophilus 2. 1, 25 bestätigte Lesart quibusque die allein richtige ist; nicht minder dafs die Kompilatoren auch hier bestrebt gewesen sind, die condictio über ihr angestammtes Gebiet hinaus auszudehnen. Quibusque entspricht einfach dem vorhergehenden sive ipse sit qui vestimentum fecit sive alius, mit welchen Worten nichts anderes gemeint sein kann, als was auch Theophilus darunter versteht: dafs die condictio der gestohlenen Purpurwolle gegen jeden dritten Besitzer gehen soll. Soweit die condictio aber gegen den dritten geht, ist sie allerdings eine solche ohne furtum noch datio.

Als letzten Zeugen des klassischen Kondiktionenrechts nennen wir endlich noch die Lehre von den verbundenen Sachen, versteht sich, wenn die Verbindung so ist, dafs dadurch das bisherige Eigentum erlischt. Der Fall der unvollkommenen datio, die durch Verbindung der Sachen sich vollendet, wird in den Quellen zwar nicht erwähnt. Dafs aber ohne furtum oder datio von einer condictio der verbundenen Sachen nicht die Rede sein kann, das beweisen die actiones in factum und actiones utiles, die in den Quellen immer dann gewährt werden, wenn wegen der Verbindung eine Klage als billig erscheint, ein furtum oder eine datio aber nicht vorliegt[73]. Quotiens deficit actio vel exceptio utilis

[73] l. 23 § 5 D. 6. 1, l. 5 § 3 D. eod. l. 9 § 2 D. 41. 1, § 34 J. 2. 1, Gai. 2. 78. Die utilis in rem actio ist allerdings, soweit sie in rem ist, tribonianisch. Vgl. Mancaleoni, a. a. O. S. 35 ff.

actio vel exceptio est, sagt Ulpian l. 21 D. 19. 5. Und hätte Paulus in l. 23 § 5 D. 6. 1, gesetzt auch eine condictio wäre möglich gewesen, wohl sagen dürfen: in factum actio necessaria est[74]?

Darum ist es denn auch so wertvoll, daſs noch sonst mehrfach in den Quellen actiones utiles und in factum vorkommen, die wegen der Umstände, aus denen sie entspringen sollen, als ebenso viele Grenzsteine des klassischen Kondiktionensrechts dastehen.

L. 26 D. 5. 2, Ulpianus lib. 8 disputationum:

Si sub hac condicione fuerit heres institutus, si Stichum manumiserit, et manumisisset, et posteaquam manumisit inofficiosum vel iniustum testamentum pronuntietur, aequum est huic quoque succurri, ut servi pretium a manumisso accipiat, ne frustra servum perdat.

Pernice[75] zählt diese Stelle unter solchen auf, „die sich mit Kondiktionen beschäftigen", hält also die Klage, durch die dem Freilasser gegen seinen ehemaligen Sklaven geholfen werden soll, für eine condictio. Der Irrtum ist handgreiflich. Wenn der Freilasser die condictio hätte, dann brauchte ihm nicht mehr „geholfen" zu werden. Der Ausdruck succurrere wird im Gegenteil mit Vorliebe dann gebraucht, wenn es sich um in integrum restitutio handelt[76], oder um sonst ein besonderes Eingreifen des Prätors; und im vorliegenden Falle kann daher nur eine

---

[74] Vgl. übrigens Erman, Savigny-Zeitschrift 13 S. 212 Anm. 1.

[75] Labeo III S. 215. 216 Anm. 1.

[76] Vgl. l. 7 § 1 D. 4. 1, l. 7 § 6 D. 4. 4, l. 51 pr. D. 3. 3, l. 57 § 1 D. 29. 2.

actio in factum gemeint sein. Freilassung ist keine datio und das pretium servi keine pecunia data!

L. 50 § 1 D. 5. 3, Papinianus lib. 6 quaestionum:

Si defuncto monumentum condicionis implendae gratia bonae fidei possessor fecerit potest dici . . . eum cui aufertur hereditas impensas ratione doli mali exceptione aut retenturum aut actione negotiorum gestorum repetiturum, velut hereditario negotio gesto.

Dafs die actio negotiorum gestorum, die hier gewählt wird, nur eine utilis negotiorum gestorum actio sein kann, ist schon von Zimmermann[77] klargestellt worden. Eine ediktale actio war also nicht verwendbar, und es ist daher wiederum nichts verkehrter, als wenn Pernice[78] auch hier eine condictio neben der utilis actio für „gewifs auch zulässig" hält. Errichtung eines Denkmals ist keine datio!

Von besonderem Werte ist noch folgende Stelle.

L. 63 D. de leg. II. 31, Callistratus lib. 4 edicti monitorii:

Si heres rem legatam ignorans in funus consumpsit, ad exhibendum actione non tenebitur, quia nec possidet nec dolo malo fecit quominus possideret, sed per in factum actionem legatario consulitur, ut indemnitas ei ab herede praestetur.

Es handelt sich zweifellos um ein Vindikationslegat, dessen Gegenstand der Erbe ohne furtum oder datio verbraucht hat. Die Stelle ist daher in zweifacher Hinsicht lehrreich. Einerseits bestätigt sie, dafs die Konsumtion

---

[77] Echte und unechte negotiorum gestio, S. 65 ff. 69.

[78] Labeo III S. 237 Anm. 4.

ohne furtum oder datio keine condictio erzeugt. Denn wozu sonst die actio in factum? Anderseits ist der Fall dem unserer l. 23 D. 12. 1, von der diese ganze Erörterung ausgegangen ist und zu der sie wieder zurückstrebt, sehr ähnlich. In beiden Fällen ein Vindikationslegat und Bereicherung des Nichtberechtigten aus dem Gegenstand des Legats ohne furtum oder datio. Verschieden nur die Art der Bereicherung: hier körperlicher Verbrauch, dort Verwertung und Untergang.

Die condictio in l. 23 wird immer verdächtiger!

Die wichtigste und entscheidendste Stelle ist aber die jetzt folgt.

L. 48 (49) D. 3. 5, Africanus lib. 8 quaestionum: Si rem, quam servus venditus surripuisset a me venditore, emptor vendiderit, eaque in rerum natura esse desierit, de pretio negotiorum gestorum actio mihi danda sit.

Der Fall ist in allem wesentlichen genau derselbe wie in l. 23. D. 12. 1. In beiden Fällen eine fremde Sache, die vom Nichtberechtigten ohne furtum oder datio veräufsert und dann untergegangen ist. In beiden Fällen Bereicherung des Nichtberechtigten dadurch, dafs er nach Untergang der Sache und der Vindikation keinem Rückgriff wegen Entwehrung mehr ausgesetzt ist, den Kaufpreis also sicher hat. Verschieden nur, dafs in l. 23 der Nichtberechtigte selber die Sache, wenn auch allem Anschein nach im guten Glauben, quasi sibi legatam, eigenmächtig in Besitz genommen, wogegen in l. 48 sein Sklave die Sache gestohlen, und der Herr sie ihm, augenscheinlich ohne von dem Diebstahl zu wissen, abgenommen hat. Dieser Unterschied ist gewifs nicht wesentlich. Und trotzdem in beiden Stellen eine ganz verschiedene Antwort! L. 23 gibt dem Geschädigten eine condictio. Sie tut es im Widerspruch mit Cicero, im Widerspruch mit allen anderen maſsgebenden Zeugnissen, sie steht mit dieser Entscheidung vereinzelt da. L. 48 dagegen vervollständigt nur die Reihe der zuletzt besprochenen Stellen, die in Fällen der Bereicherung ohne furtum oder datio eine utilis oder in factum actio für erforderlich erklären. Denn daſs auch die hier gegebene actio negotiorum gestorum wiederum nur als utilis negotiorum gestorum actio gemeint sein kann, hat schon Zimmermann[79] erkannt, und die Wendung actio danda est[80] läſst darüber keinen Zweifel. Nicht minder spricht aber dafür der Umstand, daſs im wesentlichen dieselbe Frage auch in anderen Stellen auf genau dieselbe Weise entschieden wird.

Auch in c. 3 C. 3. 32 handelt es sich nämlich um den Verkauf einer fremden Sache und den Gewinn, den der Verkäufer dadurch macht, daſs er der Gefahr eines Eviktionsprozesses überhoben wird. Statt durch Untergang der Sache geschieht dies hier nur dadurch, daſs der Verkäufer die Veräuſserung genehmigt. Und derselbe Fall scheint vorzuliegen in l. 12 § 1 D. 20. 5[81]. Die Klage des Eigentümers, dort actio negotiorum, hier allgemein actio utilis genannt, ist in beiden Fällen ohne Zweifel dieselbe. In c. 1 C. 4. 51

---

[79] a. a. O. S. 26. Vgl. ferner Krüger, Archiv f. d. ziv. Praxis 62 S. 498.

[80] Darüber noch Krüger, Savigny-Zeitschrift 16 S. 1 ff., besonders S. 3.

[81] Vgl. Dernburg, Pfandrecht II S. 195.

und c. 1 C. 4. 52 endlich ist die Sachlage nur darin verschieden, dafs das Eigentum nicht durch Untergang der Sache, sondern durch Ersitzung erloschen ist. Und wenn die Klage des früheren Eigentümers auf den Kaufpreis auch nicht genannt wird, eine condictio ist sie jedenfalls nicht.

Aber nicht nur dadurch, dafs in l. 48 derselbe Fall zugrunde liegt wie in l. 23, ist jene so bedeutend, sondern namentlich auch dadurch, dafs sie aus derselben Feder geflossen, ja sogar aus demselben Werke, nämlich l. 23 aus dem zweiten, l. 48 aus dem achten Buche der Quaestiones des Africanus, entnommen ist!

Doch wir wollen, ehe wir aus alledem unsere Schlüsse ziehen, der Vorsicht halber noch einmal umkehren und, um auch den letzten Ausweg zu verbauen, erst noch die wenigen annoch übrig gebliebenen Stellen in Betracht ziehen, die mit dem Satze: ohne datio keine condictio sine causa, im Widerspruch zu stehen scheinen.

V.

INTERPOLATIONEN, FORTSETZUNG.

Nicht immer wird uns unsere Aufgabe so leicht gemacht, wie bei folgender Stelle.

L. 5 § 6 D. 24. 1, Ulpianus lib. 32 ad Sabinum:

Si donationis causa vir vel uxor servitute non utatur, puto amitti servitutem, verum post divortium condici posse.

Die Interpolation verrät sich durch die Worte post divortium. Denn die condictio steht dem Schenker doch sofort zu. Die Glosse meint zwar, die Wendung wolle nur sagen, dafs die Schenkung jedenfalls spätestens durch die Scheidung widerrufen werde; natürlich könne die condictio aber auch schon vorher angestellt werden. In ähnlichem Sinne äufsern sich Savigny[82] und neuestens v. Mayr[83]. Aber ein römischer Jurist sagt nicht leicht etwas Überflüssiges. Ersparen wir ihm also diesen Vorwurf, indem wir für condici posse

[82] System IV S. 565 Anm. a.
[83] a. a. O. S. 325 f.

einfach lesen: retineri posse. Die Stellen, in denen die condictio statt der retentio propter res donatas interpoliert ist, sind ohnehin zahlreich genug[84]. Und daſs die retentio allerdings erst post divortium stattfinden konnte, braucht nicht gesagt zu werden.

Die Worte vel uxor sind dann freilich auch eingeschoben. War die Frau die Schenkerin, so blieb wohl nur das Mittel der in integrum restitutio, und es ist nicht ausgeschlossen, daſs der Jurist dies in einem von den Kompilatoren gestrichenen Satze besonders bemerkt. Eine Servitut durch non usus eingehen lassen ist keine datio!

Auch mit l. 5 § 7 eod. verhält es sich ohne Zweifel ganz ähnlich. Zu weitschichtigen Erörterungen führt aber die folgende Stelle.

L. 4 § 1, 2 D. 12. 1, Ulpianus lib. 34 ad Sabinum: Res pignori data pecunia soluta condici potest. et fructus ex iniusta causa percepti condicendi sunt: nam et si colonus post lustrum completum fructus perceperit, condici eos constat ita demum, si non ex voluntate domini percepti sunt: nam si ex voluntate, procul dubio cessat condictio. § 2. Ea quae vi fluminum importata sunt, condici possunt.

Im ersten Satze des ersten Paragraphen hat schon Savigny[85] die Hand der Kompilatoren zu erkennen

---

[84] Vgl. namentlich l. 66 § 1 D. 24. 1: divortio facto an summa donata repeti (Scaevola: retineri) possit? Lenel, Pal. Scaevola 35. Vgl. ferner l. 28 D. 24. 1 und dazu Lenel, Paulus 1752.

[85] System V 517. 566. Zustimmend: Arndts Pand. § 365 Anm. 1; Oertmann, Fiducia S. 47.

geglaubt. Um nämlich die anstöfsige condictio der eignen Sache zu vermeiden, vermutet er hinter der res pignori data eine klassische res fiduciae causa data, indem er annimmt, condictio und actio fiduciae seien dem Fiduciarschuldner zur freien Auswahl an die Hand gegeben gewesen. Doch ein solches Nebeneinander von strictum iudicium und actio bonae fidei, dieses dem Ermessen des iudex den weitesten Spielraum lassend, jenes ihn sozusagen in spanische Stiefel schnürend, ist wenig wahrscheinlich[86]. Einfacher und ansprechender ist es, mit der Glosse und den meisten Neueren[87] die condictio der Pfandsache als condictio furtiva zu deuten. Der Satz steht so nackt und kahl, so aus dem Zusammenhang gerissen da, dafs die näheren Umstände von den Kompilatoren sehr wohl gestrichen sein können. Und dafs im zweiten Teile desselben Paragraphen wegen der zu Unrecht gezogenen Früchte nur die condictio furtiva gemeint sein kann, scheint nach dem dort vollständig mitgeteilten Tatbestande[88] vollends zweifellos.

Für die angeschwemmten Sachen des § 2 endlich folgt die Berechtigung, ein furtum anzunehmen, daraus, dafs wenn Ulpian eine andere condictio gemeint hätte, als die condictio furtiva, er sich selber widersprechen würde. Denn in l. 9 § 1 D. 39. 2 hält derselbe Jurist in demselben Falle ohne furtum ein besonderes Interdikt für nötig, und beruft sich dafür noch auf Autoritäten.

---

[86] Vgl. dagegen auch Scheurl, Beiträge II. 1 S. 39; Bechmann, Kauf I S. 290.

[87] Vgl. namentlich Pernice, Labeo II. 2. (2. Aufl.) S. 100 Anm. 3 und die Savigny-Zeitschrift 18 S. 113 Anm. 1 Angeführten.

[88] Vgl. auch l. 68 (67) § 5 D. 47. 2.

Aufserdem macht auch § 2 einen sehr bruchstückartigen Eindruck.

Nicht unmöglich wäre jedoch vielleicht noch eine andere Erklärung. Falls das nämlich richtig ist, was Pernice[89] gelegentlich des § 2 ausspricht, was aber für die ganze Stelle gelten könnte: dafs diese — man beachte die Inskription! — noch auf Sabinus selber zurückginge, so könnte es sich bei der condictio des Pfandes und der zugeschwemmten Sachen auch um eine Sondermeinung jenes grofsen Juristen handeln, die von den Späteren verworfen, von den Kompilatoren aber wieder ausgegraben worden wäre.

In der Tat scheint es nicht an Spuren zu fehlen, dafs Sabinus die Grenzen des überlieferten Kondiktionenrechts zu enge fand. Wir wissen aus l. 2 D. 13. 3 und l. 25 pr. § 1 D. 47. 2, dafs er die condictio furtiva, obwohl sie durch den Begriff des furtum auf bewegliche Sachen beschränkt war, auch bei Grundstücken anwenden wollte, womit Ulpian nicht einverstanden gewesen zu sein scheint. Und in l. 17 § 5 D. 19. 5 ist von einer anderen, ebenfalls von Sabinus befürworteten und wirklich sehr fragwürdigen Anwendung der condictio furtiva die Rede, die von Ulpian sogar nicht ohne einen Anflug von Entrüstung zurückgewiesen wird. Ja, beinahe — mehr läfst sich nicht sagen — haben wir in l. 12 D. 7. 9 eine Entscheidung, die gleichfalls auf Sabinus zurückgehen[90] und die ein Seitenstück zu der des ersten Satzes in l. 4 § 1 sein könnte. Die Frage, um die es sich hier

[89] Labeo I S. 313 Anm. 10.
[90] Vgl. Pernice, Labeo I S. 313 Anm. 10.

handelt, ist nämlich die, ob nach Beendigung des Niefsbrauchs der Eigentümer aufser der Vindikation auch die condictio gegen den früheren Niefsbraucher habe, dieselbe Frage also, die in l. 4 § 1 mit Bezug auf die Pfandsache nach Erlöschen des Pfandrechts bejaht zu werden scheint. Die Antwort auf diese Frage haben uns die Kompilatoren zwar leider vorenthalten. Sie geben uns von den Erwägungen der Juristen das Zwar und versagen uns das Aber. „Zwar" sei es hergebracht, et proditum est, lassen sie Sabinus noch sagen, neminem rem suam nisi furi condicere posse, und damit bricht die Stelle ab[91]. „Aber", könnte Sabinus aber weiter gesagt haben, die Beschränkung dieser Eigentümlichkeit auf die condictio furtiva habe eigentlich keinen Sinn. Die condictio furtiva sei, genau besehen, nichts anderes als eine condictio ex iniusta causa. Warum also die condictio ex iniusta causa, von dem Fall des furtum abgesehen, auf die Fälle des ex iniusta causa datum beschränken? Warum nicht auch in anderen Fällen eines Habens sine causa oder ex iniusta causa, auch wenn das Eigentum dadurch nicht verloren gegangen ist, dem Eigentümer eine condictio geben?[92]

---

[91] Vgl. Pernice a. a. O.

[92] Trampedach, Savigny-Zeitschrift 17 S. 98 hat unter Berufung auf l. 15 D. 12. 4 die Behauptung aufgestellt, dafs Proculus, im Gegensatz zu Sabinus, umgekehrt auch die condictio furtiva nur dem Nichteigentümer gegeben habe. Aber wenn es heifst: Proculus dari oportere ita ait, si fecisses eius hominem, so bezieht sich das natürlich nur auf die in Frage stehende condictio ob causam; und von einer condictio furtiva ist deshalb keine Rede, weil das furtum, um das es sich handelt, nur ein furtum usus ist.

Warum nicht auch gegen den nach Erlöschen des Nießbrauchs sine causa oder ex iniusta causa besitzenden ehemaligen Nießbraucher eine condictio verstatten? Und warum, können wir hinzufügen, nicht auch ohne furtum eine condictio des Pfandes und der Sachen, die der aus seinen Ufern getretene Fluß auf unser Grundstück geschwemmt hat? Könnten doch sogar unter den fructus ex iniusta causa percepti sehr wohl auch die von dem ehemaligen Pfandgläubiger selbst bona fide gezogenen Früchte verstanden werden.

Dafür, daß Sabinus in der Tat so gedacht haben könnte, spricht noch folgendes. Einmal l. 2 D. 13. 3, eine jener Stellen, in denen uns berichtet wird, daß Sabinus die condictio furtiva auch dem Eigentümer eines Grundstücks geben wollte. Sie stammt ebenso wie auch l. 12 D. 7. 9[93] aus dem 18. Buche Ulpians ad Sabinum. Und wie trefflich sie in den Gedankengang dieser Stelle hineinpaßt, braucht nicht gesagt zu werden. Ja, fast scheint es, als sei uns in einer anderen Stelle, auch aus dem 18. Buche Ulpians ad Sabinum, ein noch wertvolleres Stück derselben Gedankenreihe erhalten[94].

L. 6 D. 12. 5: Perpetuo Sabinus probavit veterum opinionem existimantium id quod ex iniusta causa apud aliquem sit posse condici. in qua sententia etiam Celsus est.

Erinnern wir uns dessen, was derselbe Ulpian, der uns dies berichtet, in l. 63 D. 50. 16 sagt: apud te est

[93] Vgl. Lenel, Paling. Ulpian 2591.
[94] Vgl. zum folgenden Pernice, Labeo III S. 217 f.

quod qualiter qualiter a te teneatur, penes te est, quod quodammodo possideatur: so wird man, wie es scheint, mit Notwendigkeit zu dem Schlusse geführt, daſs es nach Sabins Ansicht bei der condictio ex iniusta causa nicht darauf ankommen soll, ob der Beklagte Eigentümer geworden ist oder nicht, wenn er die Sache nur überhaupt hat. Und genau so wird die Stelle denn auch von den Byzantinern aufgefaſst. Sie zeigt, sagt der Scholiast zu Bas. 24. 2. 6.[95]: etiam in quibus dominium datorum non translatum est, condictione ob turpem vel iniustam causam agi (*ὅτι καὶ ἐφ᾽ ὧν δεσποτεία τῶν δεδομένων οὐ μετηνέχθη, κινεῖται ὀβ τούρπεμ ἢ ὁ ἐξ* iniusta causa *κονδικτίκιος*). Und noch deutlicher, unter Bezugnahme auf l. 6 cit., in dem Scholion 4 zu Bas. 23. 1. 4: nam haec est natura condictionis ex iniusta causa, ut ea quae quomodocumque iniuste possideantur revocet, licet dominus sit qui agit. Unter iniusta causa, fügt der Scholiast hinzu, verstehe er nicht nur eine positiv unrechtmäſsige, sondern auch schon den Mangel einer rechtmäſsigen causa: iniustam enim dico causam non iniustam tantum sed et non iustam. Regulariter enim in omni non iusta detentione ex iniusta sive sine causa datur condictio. Bas. 23. 1. 4. entspricht aber unserer l. 4 D. 12. 1. Daſs die Byzantiner die condictio der Pfandsache usw. in der Tat nicht als condictio furtiva sondern als condictio ex iniusta causa oder sine causa aufgefaſst haben, leidet also keinen Zweifel.

Ob wir es darum aber wirklich wagen dürfen, eine

---

[95] Vgl. auch zu Bas. 24 2. 5.

so radikale Neuerung schon dem Sabinus in die Schuhe zu schieben, ist doch recht fraglich. So aus dem Zuzammenhang gerissene Aussprüche, wie l. 6 D. 12. 5, sind nicht tragkräftig genug, um weitreichende Schlüsse darauf aufzubauen. Und der scheinbar so inhaltsschwere Ausdruck sine causa oder ex iniusta causa apud aliquem esse findet sich auch sonst; aber in l. 11 § 6 D. 19. 1 und in l. 3 § 5 D. 37. 6 handelt es sich dabei doch um eine datio, und wird die condictio gegeben, das eine mal quia iam sine causa apud venditorem est annulus, das andere mal, weil omissa bonorum possessione incipit pecunia sine causa esse apud heredem[96]. Ebenso wie in diesen beiden Stellen könnte aber auch da, wo l. 6 D. 12. 5 ursprünglich gestanden hat, von einer datio die Rede gewesen sein, deren Gegenstand deshalb sine causa bei dem Empfänger war, weil die ursprünglich vorhandene causa später weggefallen war. Und ähnlich ist es vielleicht, um das hier bei Wege lang zu bemerken, auch mit einem bekannten Ausspruch Papinians, der wohl ebenfalls nur deshalb, weil er von den Kompilatoren gleichsam ohne Wurzeln ausgerissen worden ist, einen weiteren Sinn zu haben scheint, als ihm von Haus aus zukommt.

L. 66 D. 12. 6, Papinianus lib. 8 quaestionum:

Haec condictio ex bono et aequo introducta, quod alterius apud alterum sine causa deprehenditur, revocare consuevit.

Ebenso ist auch eine Stelle von Ulpian gewaltig überschätzt worden:

---

[96] Vgl. auch l. 50 pr. D. 23. 3.

L. 1 § 3 D. 12. 7, Ulpianus lib. 43 ad Sabinum: Constat id demum posse condici alicui quod vel non ex iusta causa ad eum pervenit vel redit ad non iustam causam.

Diese Stelle, die sich sehr allgemein ausdrückt, und deren Inhalt man daher auch auf den Einfluſs Sabins zurückzuführen geneigt sein könnte, ist schon in ihrem principium dermaſsen verinterpoliert[97], wenn man so sagen darf, daſs sie mindestens auf Dubiosenkonto geschrieben werden kann.

In Betracht kommt ferner, was wir bisher auſser acht gelassen haben, daſs die angebliche Lehre Sabins ausdrücklich nicht als eine Neuerung, sondern als die von Sabinus neu aufgenommene Lehre der veteres bezeichnet wird. Wie aber die veteres in Wahrheit dachten, wissen wir aus l. 12 D. 7. 9. Die überlieferte Lehre, das heiſst eben die der veteres, war daſs eine condictio der eigenen Sache nur dem Diebe gegenüber zulässig sei.

So bleiben wir denn doch lieber dabei, die condictio der l. 4 § 1. 2 D. 12. 1 im Sinne der Klassiker als condictio furtiva zu verstehen. Für das Justinianische Recht dagegen ist es allerdings, wie mir scheint, keine Frage, daſs wir mit dem Scholiasten eine condictio sine causa oder iniusta causa anzunehmen haben[98].

Daſs nämlich die Kompilatoren der Kondiktion der eigenen Sache, auch wenn sie nicht furtiva war, in der

---

[97] Savigny-Zeitschrift 18 S. 98 f.

[98] Auch die Glosse stellt condictio sine causa neben condictio furtiva zur Wahl.

Tat nicht abhold waren, tritt auch noch in anderen Interpolationen zu Tage.

L. 1 § 1 D. 13. 3, Ulpianus lib. 27 ad edictum:

Rem autem suam per hanc actionem nemo petet, nisi ex causis ex quibus potest, veluti ex causa furtiva vel vi mobili abrepta.

Die letzten Worte können in der Überlieferung verderbt, sie können aber auch, töricht wie sie sind, — denn der Raub ist doch nur ein Fall des furtum — von den Kompilatoren verbrochen sein. Sollte Ulpian nicht einfach geschrieben haben: nisi ex causa furtiva? Man denke an l. 12 D. 7. 9!

Doch sei dem wie ihm wolle, es fehlt nicht an Stellen, wo die Interpolation einer condictio suae rei, die nicht furtiva ist, noch handgreiflicher ist.

L. 9 § 1 D. 14. 6, Ulpianus lib. 29 ad edictum:

Si ab alio donatam sibi pecuniam filius creditori solverit, an pater vindicare vel repetere possit? et ait Julianus, si quidem hac condicione ei donata sit pecunia, ut creditori solvat, videri a donatore profectam protinus ad creditorem et fieri nummos accipientis: si vero simpliciter ei donavit, alienationem eorum filium non habuisse et ideo, si solverit, condictionem patri ex omni eventu competere.

Der Jurist mufste doch unterscheiden. War das Geld noch unverbraucht und unvermischt beim Beschenkten vorhanden, dann natürlich Vindikation. Und dieser Fall durfte um so weniger übergangen werden, als zu Anfang der Stelle ausdrücklich nach der Vindikation gefragt wird. Von einer condictio dagegen kann in solchem Falle schlechterdings nicht die Rede sein. War das Geld dagegen bereits konsumiert, so mufste weiter unterschieden werden. Lag darin ein furtum, so hatte der Gewalthaber die condictio furtiva. Lag ein furtum nicht vor, so konnte von einer condictio wiederum nicht die Rede sein. Eine solche stände nämlich mit einer anderen Entscheidung im Widerspruch:

L. 14 D. 12. 1, Ulpianus lib. 29 ad edictum:

Si filius contra senatus consultum mutuatus pecuniam solverit, patri nummos vindicanti nulla exceptio obicietur: sed si fuerint consumpti a creditore nummi, Marcellus ait cessare condictionem, quoniam totiens condictio datur, quotiens ex ea causa numerati sunt, ex qua actio esse potuisset, si dominium ad accipientem transisset: in proposito autem non esset. denique per errorem soluti contra senatus consultum crediti magis est cessare condictionem.

Das heifst mit anderen Worten[99]: ob der Gewalthaber wegen einer datio des Haussohnes eine condictio hat, ist ganz aus der Person des Haussohnes zu beurteilen. Es fragt sich dabei immer, ob die datio unter Umständen erfolgt ist, dafs der Haussohn selber, wenn er gewaltfrei wäre, deswegen eine condictio hätte. So wenn der Haussohn ein Darlehen gegeben oder eine Nichtschuld gezahlt hat; nicht aber im Fall einer Schenkung, oder wenn die Schuld, die er zahlen wollte, sei es auch nur als naturalis obligatio, wirklich bestand.

Denselben Satz enthält l. 11 § 2 D. 12. 1, Ulpianus lib. 26 ad edictum:

Si fugitivus servus nummos tibi crediderit, an con-

---

[99] Vgl. auch Witte a. a. O. S. 297 ff.

dicere tibi dominus possit, quaeritur. et quidem si servus meus, cui concessa est peculii administratio, crediderit tibi, erit mutua: fugitivus autem vel alius servus contra voluntatem domini credendo non facit accipientis. quid ergo? vindicari nummi possunt, si extant, aut, si dolo malo desinant possideri, ad exhibendum agi: quod si sine dolo malo consumpsisti, condicere tibi potero.

Die Stelle sei namentlich auch deshalb besonders genannt, weil Bekker[100] sehr mit Unrecht den Fall als einen solchen anführt, wo „die äufsere Form der datio als Voraussetzung der Kondiktion in Wegfall komme". Jemand, meint er, habe Geld eines anderen ohne dessen Willen in die Hände bekommen; sobald der jemand es sine dolo malo konsumiere, bekomme der andere die condictio. Aber hat denn nicht der Sklave des anderen dem jemand das Geld „gegeben"[101]?

Auch l. 67 D. 23. 3 enthält eine Anwendung desselben Satzes.

In unserer l. 9 § 1 nun handelt es sich um Zahlung einer wirklichen, nicht blofs vermeintlichen Schuld. Von einer condictio des Gewalthabers kann nach obigem Satze also nicht die Rede sein. Und dennoch: condictionem patri ex omni eventu competere! Soll damit gesagt sein, es sei einerlei, ob das Geld sich noch vorfinde oder nicht, ob es bona oder mala fide konsumiert sei, und ist es Ulpian der das sagt, so ist der Widerspruch mit l. 14 D. 12. 1 unlösbar. Und das um so mehr, als es sich, wie die Inskriptionen ergeben, wieder einmal

[100] Aktionen I S. 116 Anm. 20 S. 117.

[101] Derselbe Fehler a. a. O. S. 117 Anm. 23 bezüglich l. 4 § 4, l. 5 D. 12. 5.

um einen Widerspruch eines Juristen mit sich selber, und auf dem engen Raume eines und desselben Buches handelt.

Die Glosse hilft sich dadurch, dafs sie die Entscheidung nur auf den Fall bezieht, wo der Beschenkte fur ist. Aber dafür redet die Stelle doch wohl zu allgemein. Dem Vorgange der Glosse folgt auch Witte[102]. Puchta[103] dagegen schlägt vor, statt condictionem zu lesen: vindicationem, indem er annimmt, „der Jurist habe den Fall der Konsumtion bona fide als äufserst selten vorkommend garnicht berücksichtigt, und demnach die Vindikation für statthaft erklärt, die nummi mögen exstantes sein oder consumpti“ [104]. Aber das ist immer noch gewaltsamer als die Annahme einer Interpolation. Am wahrscheinlichsten ist es daher wohl, dafs die Kompilatoren die feinen Unterscheidungen der Juristen gestrichen und nur den Fall haben übrig lassen wollen, wo das Geld noch nicht konsumiert, der Gewalthaber also noch Eigentümer ist. Denn von Konsumtion ist in der Stelle keine Rede. Sie betont vielmehr nur noch den Mangel der Veräufserungsfähigkeit des Haussohnes und damit den Nichterwerb des Eigentums durch den Empfänger. Einer condictio der eigenen Sache neben der vindicatio, wollten die Kompilatoren sagen, stände durchaus nichts im Wege.

Ebenso könnte es sich auch verhalten mit l. 5 D. 12. 5, Julianus lib. 3 ad Urseium Ferocem:

---

[102] a. a. O. S. 299 ff.

[103] Vorlesungen II § 306 S. 153.

[104] Witte a. a. O.

Si a servo meo pecuniam quis accepisset, ne furtum ab eo factum indicaret, sive indicasset sive non repetitionem fore eius pecuniae Proculus respondit.

Die Glosse bemerkt dazu ganz richtig, daſs, solange das Geld nicht konsumiert sei, von einer condictio nicht die Rede sein könne, da der Sklave das Eigentum des Herrn nicht übertragen kann. Ganz richtig aber doch wohl nur nach klassischem Recht. Die Absicht Justinians dagegen hat der byzantinische Scholiast zu Bas. 24. 2. 5 vielleicht besser getroffen, wenn er die condictio dem Herrn auch gibt, ehe dieser das Eigentum verloren hat, und wenn er, um dies zu rechtfertigen, auf l. 6. D. eod. verweist. Ja, wenn der Scholiast recht hat, dann hätten die Kompilatoren l. 6 cit. überhaupt nur aufgenommen, um der condictio suae rei in l. 5 eine Erklärung anzufügen. Quod autem dictum est, heiſst es in dem Scholion zu Bas. 24. 2. 6 (gleich l. 6 D. 12. 5), ad superius digestum producitur. Nam cum Julianus dedisset condictionem eius pecuniae, quae a servo nostro data esset, ne furtum ab eo factum indicaretur, idque licet eius dominium in accipientem non esset translatum, quasi quidam de re dubitaret, subicit Ulpianus Sabini vel potius veterum regulam, ostendens etiam in quibus dominium datorum non translatum est condictione ob turpem vel iniustam causam agi.

Daſs aber die Theorie des Scholiasten betreffend die condictio sine causa und ex iniusta causa, wie sie anknüpfend an l. 6 D. 12. 5 entwickelt wird, in der Tat die Theorie der Kompilatoren ist, scheint sich auch dadurch zu bestätigen, daſs dieselbe Theorie in folgender Stelle besonders handgreiflich interpoliert ist.

L. 25 D. 25. 2, Marcianus lib. 3 regularum:

Rerum quidem amotarum iudicium sic habet locum, si divortii consilio res amotae fuerint et secutum divortium fuerit. sed si in matrimonio uxor marito res subtraxerit, licet cessat rerum amotarum actio, tamen ipsas res maritus condicere potest: nam iure gentium condici puto posse res ab his qui non ex iusta causa possident.

Daſs die Worte nam iure gentium condici puto posse recht verdächtig klingen, hat bereits v. Mayr[105] bemerkt. Wer wird auch die altzivile condictio auf das ius gentium stützen wollen[106]? Dazu der anstöſsige Indikativ nach licet! Wir können also kaum noch zweifeln, daſs Marcian einfach geschrieben hatte: cessat rerum amotarum actio. Was dann folgt, ist von der Hand der Kompilatoren; und wie vollständig es sich mit ihrer Theorie deckt, zeigt sich auch daran, daſs der Scholiast zu l. 6 nicht verfehlt, sehr nachdrücklich auf diese Stelle zu verweisen.

---

[105] a. a. O. S. 311.

[106] Auch in l. 47 D. 12. 6 halte ich die Worte: quoniam indebitam iure gentium pecuniam solvit nicht für echt. Sie sind eine Interpolation der von Eisele, Savigny-Zeitschrift 11 S. 1 ff., nachgewiesenen Art. Und das eine recht schlechte. Denn indebita ist die pecunia, weil eine exceptio entgegensteht; und was hat die exceptio doli mit dem ius gentium zu tun? — Interpoliert scheint mir ferner l. 15 pr. D. 12. 6: Indebiti soluti condictio naturalis est. Denn was der Jurist daraus folgert, das folgt in Wirklichkeit aus der condemnatio der condictio certae rei: quanti ea res erit tantam pecuniam etc. Die Kompilatoren konnten das allerdings nicht stehen lassen.

Ist dies aber richtig, so werden wir auch in folgender Stelle eine Interpolation annehmen dürfen.

L. 6 § 5 D. 25. 2, Paulus lib. 7 ad Sabinum:

Sed si morte mariti solutum sit matrimonium, heres mariti hereditatis petitione vel ad exhibendum actione eas consequi poterit. Aristo et condici ei posse recte putat, quia ex iniusta causa apud eam essent.

Paulus hatte vermutlich nur gesagt: condici ei posse putat, um dann der Lehre des Aristo [107] zu widersprechen. Die Kompilatoren dagegen billigten diese gerade, schoben also ein recte [108] ein und begründeten diese Entscheidung durch ihre Theorie von der condictio ex iniusta causa.

Damit ist aber zugleich eine Sache, die Baron [109] und Brinz [110] bereits gegen Windscheid [111] verteidigt haben, so gut wie gewonnen, die Behauptung nämlich, dafs nach klassischem Recht eine condictio furtiva unter Ehegatten überhaupt nicht entstehen kann. Mit Recht hat namentlich Baron bemerkt, dafs von den Stellen, die für eine solche condictio noch angeführt werden, l. 3 § 2 D. 25. 2 überhaupt kein furtum unter Ehegatten zum Gegenstande hat. Und derselbe hat auch bereits erkannt,

---

[107] Aristo scheint in der Tat ebenso wie Sabinus zu Neuerungen geneigt gewesen zu sein. In l. 12 § 2 D. 13. 1 sehen wir, wie er auch dem Faustpfandgläubiger, also sogar einem Nichteigentümer, die condictio furtiva geben wollte. Vgl. Savigny-Zeitschrift 18 S. 112. Aristo war Schüler des Cassius, also mittelbar Schüler des Sabinus. Vgl. Krüger, Geschichte der Quellen und Literatur des röm. Rechts S. 164.

[108] recte findet sich auch in der interpolierten l. 9 § 2 D. 12. 1.

[109] Condictionen S. 259 f.

[110] Pand. 1. Aufl. II S. 1303, 2. Aufl. III S. 788 f.

[111] Pand. II § 454 Anm. 24.

dafs die certi condictio in l. 17 § 2 D. eod. keine andere als die sogenannte condictio generalis der l. 9 D. 12. 1 ist, die wie mit jeder anderen, so natürlich auch mit der actio rerum amotarum konkurriert, und die hier ebenso wie überall sonst interpoliert sein mufs. Die Worte simili modo bis zu Ende sind also einfach zu streichen. L. 24 eod. ist aus Ulpians lib. 5 regularum; und da l. 14 D. 25. 1, die andere aus diesem Buche enthaltene Stelle, von der retentio propter impensas handelte, so wird Ulpian in l. 24 wohl statt der condictio die retentio ob res amotas genannt haben. L. 6 § 4 endlich ist wegen ihres Widerspruches mit c. 3 C. 5. 21 von jeher unbequem gewesen [112], und wenn alles wankt, werden die Worte sicut bis furtiva die condictio nicht retten.

Dafs aber das so gewonnene reinliche Ergebnis auch das einzig verständige ist, braucht nicht gesagt zu werden. Wo kein furtum da auch keine condictio furtiva [113].

---

[112] Vgl. Windscheid, a. a. O.

[113] Wegen l. 26 D. eod. vgl. Lenel, Edictum S. 246.

VI.

INTERPOLATIONEN, FORTSETZUNG.

Zu den Stellen, die mit dem, was Cicero über die Gründe der actio certae creditae pecuniae sagt, im schärfsten Widerspruch stehen, gehört natürlich auch die von uns wiederholt und erst kürzlich wieder genannte l. 9 D. 12. 1 mit ihrer ex omni causa, ex omni obligatione zustehenden condictio certi. Ihr gegenüber ist das crimen falsi aber bereits von so verschiedenen Seiten und in so gründlicher Weise geführt worden [114], dafs wir bisher schon mit der Unechtheit dieses berüchtigten Fragments als einer feststehenden Tatsache rechnen konnten. Übrig bleibt nur, die sogenannte condictio generalis auch aus ihren letzten Schlupfwinkeln aufzuscheuchen, ein Geschäft, das Mitteis, der sich zuletzt mit den in Frage

---

[114] Pernice, Savigny-Zeitschrift 13 S. 248 ff.; J. C. Naber, Mnemosyne 19 S. 182 (Observ. XIX); Mitteis, Jahrb. f. Dogmatik 39, S. 153 ff.; v. Mayr, Condictio S. 277 ff.; v. Koschembahr-Lyskowski, Die Condictio als Bereicherungsklage S. 1. Vgl. auch Lenel, Edict. perpet. S. 185; Eisele, Abhandlungen zum röm. Zivilprozefs S. 79 Anm. 15.

kommenden Stellen befaſst hat[115], doch noch nicht gründlich genug besorgt hat. Es handelt sich um die Konkurrenz der condictio mit actiones bonae fidei und mit actiones adiecticiae qualitatis.

Von der Konkurrenz mit actiones bonae fidei ist in folgenden beiden Stellen die Rede.

L. 28 § 4 D. 12. 2, Paulus lib. 18 ad edictum:

Exceptio iurisiurandi non tantum si ea actione quis utatur, cuius nomine exegit iurisiurandum opponi debet, sed et si alia, si modo eadem quaestio in hoc iudicium deducatur, forte si ob actionem mandati, negotiorum gestorum, societatis, ceterasque similes iusiurandum exactum sit, deinde ex iisdem causis certum condicatur, quia per alteram actionem altera quoque consumitur.

L. 5 D. 44. 2, Ulpianus lib. 74 ad edictum:

De eadem re agere videtur et qui non eadem actione agat . . . utputa si quis mandati acturus, cum ei adversarius iudicio sistendi causa promiserit, propter eandem rem agat negotiorum gestorum vel condicat, de eadem re agit.

Daſs die Kompilatoren hier in der Tat nur ihre geliebte condictio generalis im Sinne haben, bestätigen die byzantinischen Scholiasten[116]. Dennoch hält Mitteis[117], wenn ich ihn recht verstehe, die condictio hier nicht für eigentlich interpoliert, sondern begnügt sich mit der Annahme, daſs die beiden Stellen, aus dem ursprünglichen Zusammenhange gerissen, einen

[115] Jahrb. für Dogmatik 39 S. 153 ff.

[116] Vgl. die Scholien 7 und 8 zu Bas. 22. 5. 28.

[117] a. a. O. S. 156.

weiteren Sinn bekommen hätten, als ihnen von Haus aus innegewohnt habe. Paulus, meint Mitteis, habe die Konkurrenz „nur ganz im allgemeinen als denkbar, nicht als notwendig“ bezeichnen wollen, und die Stellen liefsen sich daher „ganz wohl im Sinne Savignys dahin erklären, dafs ein besonders gearteter Tatbestand diese Konkurrenz rechtfertigen könne“. Meiner Meinung nach ist es einfacher, und durch die zweifellose Interpolation in l. 9 pr. cit. ohne weiteres gerechtfertigt, beide Stellen für interpoliert zu erklären. Allerdings, wie l. 28 § 4 ursprünglich gelautet haben mag, darüber wage ich keine bestimmte Vermutung. Aber bei l. 5 ist es ein leichtes, die störenden Worte vel condicat hinauszuwerfen. Wegen l. 13 § 1 D. 16. 3, die wenigstens erwähnt werden mag, genügt es auf Mitteis[118] und Pernice[119] zu verweisen.

Auch die eine Konkurrenz zwischen condictio und actiones adiecticiae qualitatis enthaltenden Stellen sind durch die Interpolation in l. 9 von vornherein verdächtig, um so mehr, als der Fall in l. 9 § 2, die zwar Pernice[120] noch nicht für mit interpoliert zu halten scheint, wohl aber Naber[121] und Mitteis[122], besonders hervorgehoben ist:

Sive autem suo nomine quis obligatus sit sive alieno, per hanc actionem recte convenitur.

---

[118] a. a. O. S. 157.
[119] Labeo III S. 229.
[120] Savigny-Zeitschrift 13 S. 252.
[121] a. a. O. S. 182.
[122] a. a. O. S. 166.

Die einzelnen Anwendungsfälle aber sind folgende:

L. 29 D. 12. 1, Paulus lib. 4 ad Plautium:

Si institorem servum dominus habuerit, posse dici, Julianus ait, etiam condici ei posse, quasi iussu eius contrahatur a quo praepositus sit.

Schon die Glosse verweist bei dieser Stelle auf einen anderen Ausspruch des Paulus, und dasselbe tut auch Mitteis[123].

L. 5 pr. D. 15. 4, Paulus lib. 4 ad Plautium:

Si dominus vel pater pecuniam mutuam accepturus iusserit servo filiove numerari, nulla quaestio est, quin ipsi condici possit: immo hoc casu de iussu actio non competit.

Der Inskription nach ist es allerdings nicht ausgeschlossen, dafs beide Stellen im Zusammenhang gestanden haben, und Lenel[124] hat sie in der Tat unter einer Nummer vereinigt. Mitteis schliefst daraus, dafs keine Nötigung bestehe, auch die condictio in l. 29 „für etwas anderes als die Darlehnsklage anzusehen". Diese Stelle sage also weiter nichts, als dafs Julian im Falle eines vom Gewalthaber jubierten Darlehns und, in der Präposition einen generellen Jussus erblickend, auch beim Darlehen eines servus institor die zivile Darlehnsklage gegen den Gewalthaber zuliefs.

Das ist also im wesentlichen dasselbe, was schon Pernice[125] angenommen hat, nur mit dem Unterschiede, dafs Pernice den iussus in dieser Bedeutung gar für ein

---

[123] a. a. O. S. 169 ff.

[124] Paling. Paulus 1103.

[125] Labeo I S. 511 ff.

„altziviles Institut“ erklärt, während Mitteis ihn doch erst dem späteren Rechte zuschreibt. Letzteres insofern mit gutem Grunde, als sonst schlechterdings nicht einzusehen wäre, warum der Prätor die Einführung einer actio quod iussu noch für nötig befunden haben sollte[126]. Nicht minder unwahrscheinlich ist aber, dafs man, nachdem das Bedürfnis gestillt war, die Grundsätze der actio quod iussu noch nachträglich zum Überflufs in das Zivilrecht rezipiert hätte, wie Mitteis meint.

Denn das liegt doch auf der Hand, und wird auch von Mitteis gewifs nicht verkannt, dafs der iussus in l. 29 und der iussus in l. 5 himmelweit voneinander verschieden sind. In l. 5 bezieht er sich lediglich auf die Numeration und hat er nur die Bedeutung, dafs die Numeration, obwohl tatsächlich an den Sklaven oder Sohn erfolgt, rechtlich doch als zu Händen des dominus geschehen angesehen wird. Der wichtigste Teil des Geschäfts, die Willenseinigung, kommt unmittelbar zwischen Herrn oder Vater und dem Dritten zustande. Der iussus in l. 29 dagegen bezieht sich auf das ganze Geschäft. Nicht nur die Numeration, sondern auch die Willenseinigung soll, obwohl tatsächlich zwischen institor und Dritten sich abspielend, rechtlich als zwischen Herrn und Dritten zustande gekommen angesehen werden. Was ist das aber anderes als Stellvertretung? Und weil das Zivilrecht keine Stellvertretung kannte, war die actio quod iussu doch gerade eingeführt worden!

---

[126] Vgl. l. 1 § 1 D. 6. 2: ... habet civilem actionem nec desiderat honorariam.

Sehen wir uns die l. 29 nun aber etwas genauer an, so stofsen wir auf dieselbe stilistische Härte, die uns auch in der anerkannt interpolierten l. 5 § 1 D. 7. 5 unangenehm berührt: posse dici .... condici ... posse. Ein herzhafter Schnitt, hinaus mit den Worten etiam condici ei posse, und die Stelle bekommt sofort einen verständigen und mit den Grundlagen des klassischen Kondiktionenrechts, wie denen der actiones adiecticiae qualitatis, vereinbarten Sinn. „Wenn einer einen Sklaven als institor hat, so kann man, in der Anstellung einen allgemeinen iussus erblickend, auch sagen, dafs der institor die Geschäfte, die er abschliefst, iussu domini kontrahiere“ [127]. Woraus dann folgt, dafs die actio quod iussu mit der actio institoria konkurriert. Aber natürlich nur, wenn der institor ein Sklave ist, si institorem servum dominus habuerit; denn auf Geschäfte freier Stellvertreter ist die actio quod iussu nicht anwendbar.

Ist uns aber dieser Nachweis geglückt, so werden wir nicht nur l. 84 D. 17. 2 [128], die denselben unklassischen iussus enthält, im übrigen aber nicht hierher gehört, eben dieses iussus wegen ohne weiteres für interpoliert erklären [129]: auch mit folgender Stelle werden wir kurzen Prozefs machen dürfen.

---

[127] Die Schlufsworte § 8 J. 4. 7 hatten in der Vorlage der Kompilatoren wahrscheinlich dieselbe Beziehung und denselben Sinn. Vgl. auch Schmid, Archiv f. d. ziv. Praxis 29 S. 136 f.

[128] Quotiens iussu alicuius vel cum filio vel cum extraneo societas coitur, directo cum illius persona agi posse, cuius persona in contrahenda societate spectata sit.

[129] Dafs sie auch ohnehin die Hand Tribonians verrät, darüber vgl. Mitteis, a. a. O. S. 172 f.

L. 17 § 4. 5 D. 14. 3, Paulus lib. 30 ad Edictum:

Proculus ait, si denuntiavero tibi, ne servo a me proposito crederes, exceptionem dandam: „si ille illi non denuntiaverit, ne illo servo crederet". sed si ex eo contractu peculium habeat, aut in rem meam versum sit, nec velim quo locupletior sim solvere, replicari de dolo malo oportet: nam videri me dolum malum facere, qui ex aliena iactura lucrum quaeram. § 5. Ex hac causa etiam condici posse verum est.

Die condictio soll, wie man sieht, auch die Stelle der actio de peculio und de in rem verso vertreten können. Mitteis sucht das im Sinne des Paulus auf den Fall eines Darlehns, als eines anerkannten Kondiktionsfalles, von dem auch in § 4 allein die Rede ist, zu beschränken; wodurch die Sache aber nicht besser wird. Denn das Darlehen an den Sklaven ist eben kein Darlehen an den Herrn, und wenn das Darlehen an den Sklaven schon nach Zivilrecht eine Verpflichtung erzeugt hätte, wozu dann die prätorische Klage? Es hilft also nichts, der ganze § 5 ist das Machwerk der Kompilatoren, und er ist auch viel zu locker angehängt, um sich nicht als solches zu verraten.

Mit demselben Recht, wie die eben besprochene Stelle, werden wir dann aber auch l. 12 D. 12. 1 und l. 24 D. 44. 7, beide von Pomponius, und beide fast gleichlautend, für interpoliert erklären dürfen. Es genügt, die zuerst genannte hier anzuführen:

Si a furioso, cum eum compotem mentis esse putares, pecuniam quasi mutuam acceperis eaque in rem tuam versa fuerit, condictionem furioso adquiri Julianus ait:

.... item si is qui servo crediderat furere coeperit, deinde servus in rem domini id verterit, condici furiosi nomine posse.

Hier ist die erste condictio echt, die zweite dagegen statt der nach klassischem Recht allein möglichen actio de in rem verso interpoliert. Und den Anlaſs dazu bot wohl der schon gelegentlich des echten Kondiktionsfalles im untechnischen Sinne, für consumere, gebrauchte Ausdruck in rem vertere. Im übrigen ist es allerdings nicht möglich, den Verdacht der Interpolation aus der Stelle selbst heraus zu rechtfertigen.

Auſser diesen schon von Mitteis besprochenen Stellen gehört noch folgende hierher, die man von diesem Gesichtspunkt aus bisher noch nicht ins Auge gefaſst zu haben scheint.

L. 39 D. 45. 3, Pomponius lib. 22 ad Quintum Mucium:

Cum servus, in quo usumfructum habemus, proprietatis domino ex re fructuarii vel ex operis eius nominatim stipuletur, acquiritur domino proprietatis: sed qua actione fructuarius reciperare possit a domino proprietatis, requirendum est. item si servus bona fide nobis serviat et id, quod nobis adquirere poterit, nominatim domino suo stipulatus fuerit, ei adquiret: sed qua actione id reciperare possumus, quaeremus. et non sine ratione est, quod Gaius noster dixit, condici id in utroque casu posse domino.

Pernice[180] nimmt die Stelle als Beweis, daſs Cassius

---

[130] Labeo III S. 218 Anm. 5.

sich zu der Frage der condictio ex iniusta causa ebenso gestellt habe, wie Sabinus in l. 6 D. 12. 5. Lenel[131] dagegen hält gewifs mit Recht die condictio mit den Schlufsworten von sed qua actione an für interpoliert: „et propter quaestionem inepte repetitam et propter genus scribendi (possumus pro possimus!, Gaius noster!, in .... casu![132])".

Fragen wir nun aber weiter, welche Klage Pomponius oder der Gewährsmann, auf den er sich beruft, denn genannt haben könnte, so kann das doch wohl nur eine actio de peculio vel de in rem verso gewesen sein, die, je nachdem, ob der Sklave im Auftrage des Niefsbrauchers oder des gutgläubigen Besitzers gehandelt hatte oder nicht, nach dem Vorbilde der actio mandati oder der actio negotiorum gestorum zu formulieren war. Und zwar konnte das versum etwa folgendermafsen dargetan werden.

Die Stipulation, die der Sklave aus Versehen — denn so dürfen wir den Fall verstehen — auf den Namen seines Herrn, statt auf den des Niefsbrauchers oder des gutgläubigen Besitzers, verstellt hatte, ist einer datio, und zwar sine causa, des Sklaven an seinen Herrn gleichzuachten. Die Sachlage ist nämlich genau dieselbe, als hätte der Sklave den Dritten, statt selber vor ihm zu stipulieren, seinem Herrn delegiert; oder mit anderen Worten, es ist, als wäre der Sklave Delegant und Delegatar in einer Person: Delegant im eigenen Namen,

---

131 Paling. zu Pomponius 285.

132 Vgl. Gradenwitz, Interpolationen S. 88 ff.

Delegatar im Namen seines Herrn. Die promissio des Delegaten gilt aber allewege gleich einer datio des Deleganten an den Delegatar.

Demnach hätte der Sklave, falls er wie ein Freier rechtsfähig wäre, gegen seinen Herrn eine condictio. So ist der Herr ihm jedenfalls nach Maſsgabe der condictio eines Freien naturaliter verpflichtet. Und das genügt. Die Bereicherung des Herrn ist diesem, um mit Windscheid[133] zu reden, in einer Weise zugegangen, daſs er dadurch zum Ersatz an den Sklaven verpflichtet ist; womit die Voraussetzungen für die actio de in rem verso

---

[133] Pandekten II § 483. — Gegenüber v. Tuhr, Actio de in rem verso, mit dessen Theorie die im Texte gegebene Erklärung nicht übereinzustimmen scheint, begnüge ich mich hier, auf die Gegenbemerkung von Dernburg, Pand. II § 14 Anm. 12 zu verweisen. Übrigens stützt auch v. Tuhr sich a. a. O. S. 181, um in dem dort besprochenen Falle (l. 3 pr. D. 15. 3) die actio de in rem verso zu rechtfertigen, selber auf die condictio, nicht actio mandati oder negotiorum gestorum, die dem Sklaven, wenn er die Rechte eines Freien hätte, gegen seinen Herrn zustände. Mit der Auffassung dieser Stelle durch v. Tuhr bin ich überhaupt vollständig einverstanden, und namentlich mit der von ihm vermuteten Interpolation um so mehr, als ich selber unabhängig von v. Tuhr auf denselben Gedanken gekommen war. Nur mache ich darauf aufmerksam, daſs nach dem, was ich Savigny-Zeitschrift 18 S. 84 ff. nachgewiesen habe, die condictio nach klassischem Recht nicht unmittelbar auf Liberation sondern auch in diesem Falle nur auf dare gehen kann. Und was l. 3 § 1 D. eod. betrifft, so scheinen mir die Worte: quibus casibus procurator vel qui negotia gessit negotiorum gestorum haberet actionem, wenn sie auch von einem klassischen Juristen und selbst von Ulpian herrühren mögen, doch an dieser Stelle von den Kompilatoren eingeschoben. Denn Ulpian schrieb doch wohl nur totiens — quotiens. Dadurch verlieren diese Worte aber vollends die entscheidende Bedeutung, die v. Tuhr ihnen beilegt.

des Niefsbrauchers oder des gutgläubigen Besitzers, auf dessen Kosten der Herr bereichert ist, gegeben sind.

Die hypothetische condictio des Sklaven aber, mit der der Jurist in dieser Weise argumentierte, erklärt zugleich auch, wie die Kompilatoren zu ihrer Interpolation gekommen sind. Sie war es, die den Gedanken anregte, die condictio des Niefsbrauchers und des gutgläubigen Besitzers in die Stelle hineinzubringen und die Argumentation des Juristen, die den Kompilatoren zu lang erscheinen mochte, auf diese Weise abzukürzen.

Endlich mag hier auch die condictio ex lege wenigstens erwähnt werden. Dafs sie eine Schöpfung der Kompilatoren ist, bezweifelt heute wohl niemand mehr[184].

---

[184] Vgl. Pernice, Labeo III S. 204 Anm. 1.

VII.

INTERPOLATIONEN, FORTSETZUNG.

Es bleiben uns jetzt noch zwei besonders schwierige Stellen, die uns zu unserem Ausgangspunkte, der l. 23 D. 12. 1, zurückführen werden.

L. 31 § 1 D. 12. 1, Paulus lib. 17 ad Plautium:

Servum tuum imprudens a fure bona fide emi: is ex peculio, quod ad te pertinebat, hominem paravit, qui mihi traditus est. Sabinus Cassius posse te mihi hominem condicere: sed si quid mihi abesset ex negotio quod is gessisset, invicem me tecum acturum. et hoc verum est: nam et Julianus ait videndum, ne dominus integram ex empto actionem habeat, venditor autem condicere possit bonae fidei emptori. quod ad peculiares nummos attinet, si exstant, vindicare eos dominus potest, sed actione de peculio tenetur venditori, ut pretium solvat: si consumpti sint, actio de peculio evanescit. sed adicere debuit Julianus non aliter domino servi venditorem ex empto teneri, quam si ei pretium solidum et quaecumque, si cum libero contraxisset, deberentur, dominus servi praestaret. idem dici debet, si bonae fidei possessori solvissem, si tamen actiones, quas adversus eum habeam, praestare domino paratus sim.

L. 24 § 1 D. 19. 1, Julianus lib. 15. digestorum:

Servum tuum imprudens a fure bona fide emi: is ex peculio quod ad te pertinebat hominem paravit, qui mihi traditus est. posse te eum hominem mihi condicere Sabinus dixit, sed si quid mihi abesset ex negotio quod is gessisset, invicem me tecum acturum de peculio. Cassius veram opinionem Sabini rettulit, in qua ego quoque sum.

Obscurus est hic § et valde intricatus, so beginnt Anton Faber[135] seine Bemerkungen zu der erstgenannten Stelle. Soviel springt aber sofort in die Augen: wenn irgend welche, dann scheinen diese Stellen — über deren Verhältnis zu einander kein Wort zu verlieren ist — den Beweis zu liefern, dafs eine condictio sine causa auch ohne datio möglich ist. Zudem bildet der Fall, der ihnen gleichmäfsig zu Grunde liegt, das vollkommene Gegenstück zu dem unserer l. 23 D. 12. 1. Hatte dort der gutgläubige Besitzer aus fremder Sache Geld, so hat er hier aus fremdem Gelde eine Sache erworben. Und wenn wir früher hoffen durften, Africanus durch Africanus, oder was dasselbe ist, Julianus durch Julianus zu widerlegen, so scheint es jetzt im Gegenteil, als wolle Julianus sich gegen sich selber zu Hilfe kommen.

---

[135] Rationalia in tertiam partem Pandectarum, ad l. 31 § 1 D. 12. 1.

Blicken wir genauer hin, so sehen wir, dafs auch hier wieder Tribonian die Hand im Spiele hat. Lenel[136] war es, der zuerst bemerkt hat, dafs Julian die Entscheidung Sabins in Wirklichkeit nicht gebilligt, sondern vielmehr gemifsbilligt zu haben scheine. In der Tat zeigt Julian gerade, wie der Eigentümer des gestohlenen Sklaven auch ohne die von Sabinus angenommene condictio zu seinem Rechte komme. Als Eigentümer des Sklaven, führt er aus, habe er aus dem von seinem Sklaven abgeschlossenen Kaufe die actio empti, die ihm dadurch, dafs der Verkäufer an den gutgläubigen Besitzer des Sklaven geleistet habe, nicht verloren gegangen sei. Er könne den Verkäufer also immer noch auf Leistung der mit seinem Gelde gekauften Sache verklagen. Anderseits habe der Verkäufer gegen den gutgläubigen Besitzer die condictio indebiti, und er genüge seiner Verpflichtung gegenüber dem Eigentümer auch schon, wenn er ihm diese condictio indebiti überweise. Und auf diesem Umwege, meint Julian, könne dann auch der Eigentümer zu einer condictio gelangen.

Wie waren aber nur Cassius und Sabinus dazu gekommen, ihm sogar eine eigene condictio unmittelbar gegen den gutgläubigen Besitzer des Sklaven zu geben? Diese condictio mit der Glosse als eine condictio indebiti utilis oder, was auf dasselbe hinaus kommt, mit Witte[137] und anderen als die abgetretene condictio indebiti des Verkäufers zu erklären, geht heute, nachdem Sabinus und

---

[136] Paling. zu Julian 253, Paulus 1235.
[137] a. a. O. S. 312 ff.

Cassius einerseits, Julianus anderseits als Gegner erkannt worden sind, nicht mehr an. Ebenso wenig werden wir aber geneigt sein, mit Pernice[138] an l. 6 D. 12. 5 anzuknüpfen und in der Entscheidung Sabins eine von jenen zu sehen, in denen die condictio „lediglich auf die offensichtliche Ungerechtigkeit der Inhabung" gestützt werde.

Den Schlüssel zum Verständnis enthält eine andere Stelle des Paulus, auch aus dem 17. Buche ad Plautium, nämlich l. 48 D. 15. 1:

Libera peculii administratio non permanet neque in fugitivo neque in subrepto neque in eo de quo nesciat quis vivat an mortuus sit. § 1. Cui peculii administratio data est, delegare debitorem suum potest.

Daſs das principium mit l. 31 § 1 cit. zusammengehört, hat gleichfalls schon Lenel[139] erkannt. Es enthalte den Grund, bemerkt er, warum der Eigentümer des Sklaven die von diesem als Kaufpreis gezahlten Geldstücke noch vindizieren könne: weil nämlich ein gestohlener Sklave, auch wenn er bis dahin über sein peculium frei verfügen konnte, diese Verfügung verliert[140]. Noch bedeutsamer ist aber die Anwendung, die von diesem Satze in § 1 gemacht wird. Sie ist es, die uns auf die Spur bringt.

Sabinus hatte die condictio deshalb für möglich gehalten, weil er den Sklaven als Deleganten und den gutgläubigen Besitzer als Dele-

---

[138] Labeo III S. 218 Anm. 4. Vgl. auch S. 251 Anm. 2.
[139] Paling. zu Paulus 1236.
[140] Vgl. l. 11 § 2 D. 12. 1.

gatar ansah, die Leistung des Verkäufers an den gutgläubigen Besitzer also als eine Leistung erst des Verkäufers an den Sklaven und dann von dem Sklaven weiter an den gutgläubigen Besitzer. Die zur condictio erforderliche datio war damit gegeben.

Sabinus hatte also vermutlich ebenso unterschieden wie Paulus und Mela in der folgenden Stelle:

L. 22 § 9 D. 17. 1, Paulus lib. 32 ad edictum:

Fugitivus meus cum apud furem esset, pecuniam acquisiit et ex ea servos paravit eosque Titius per traditionem[141] a venditore accepit. Mela ait mandati actione me consecuturum, ut restituat mihi Titius, quia servus meus mandasse Titio videbatur, ut per traditionem[142] acciperet, si modo rogatu servi hoc fecerit: quod si sine voluntate eius venditor Titio tradiderit[143], tunc posse me ex empto agere, ut mihi eos venditor traderet[144], venditoremque per condictionem a Titio repetiturum si servos tradiderit[145] Titio quos non debuerit, cum debere se existimaret.

Ebenso wie in diesem ganz ähnlichen Falle also wird Sabinus unterschieden haben, ob der Verkäufer an den gutgläubigen Besitzer geleistet hatte mit dem Willen des Sklaven oder ohne diesen Willen. Wenn ohne seinen Willen, dann hatte vermutlich auch Sabinus bereits auf den Umweg über die Person des Verkäufers verwiesen,

---

[141] Paulus: mancipio.
[142] P.: mancipio.
[143] P.: mancipaverit.
[144] P.: mancipet.
[145] P.: mancipaverit.

und es ist daher nicht ausgeschlossen, dafs die Zustimmung Julians, die so wie die Stellen lauten widersinnig ist, sich ursprünglich auf die Entscheidung dieses Falles bezogen hätte, also gar nicht einmal gefälscht zu sein braucht. Von einer condictio konnte nur in dem ersten Falle die Rede sein, wo die Leistung mit Willen, iussu, des Sklaven geschehen war. Julian verwarf sie aber auch da, aus dem einfachen in l. 48 cit. angedeuteten Grunde, weil ein gestohlener Sklave, da er keine Verfügung mehr über sein Peculium hat, auch keinen Pekuliarschuldner mehr delegieren kann.

VIII.

INTERPOLATIONEN, SCHLUSS.

Kehren wir nunmehr, nach dieser zweimaligen Wanderschaft, zu unserer l. 23 zurück, so kann es sich mit Gunst nur noch darum handeln: wie hatte Africanus in Wirklichkeit geschrieben? Denn daſs die condictio, die die Kompilatoren ihm in den Mund legen, nicht von ihm sein kann, sollte nach allem, was wir erfahren haben, jetzt feststehen [146].

Man rettet sie auch nicht etwa durch die Annahme v. Mayrs [147], daſs der Scheinlegatar als nicht in gutem Glauben befindlich, die condictio also als condictio furtivi zu denken sei. Denn dieselbe Wendung: quasi mihi legatum possederim et vendiderim, aus der v. Mayr das herauslesen möchte, benutzt z. B. Cujacius [148] mit mehr Recht, wie mir scheint, zum Beweise des Gegenteils. Eine condictio furtiva würde sich auſserdem gar nicht mit Erstattung des

---

[146] Daſs l. 23 „nicht ganz heil" scheine, meint auch Pernice, Labeo III S. 237 Anm. 4 a. E.

[147] a. a. O. S. 415.

[148] ad Africanum, tractat. II ad. h. l. Opera Venet. 1758 I 1103 C. Ebenso Anton Faber u. a. m.

Kaufpreises begnügen, sondern auf vollen Schadensersatz dringen. Das einzige, was man zugeben könnte, wäre, dafs Africanus den Fall wissentlichen Verkaufs und die in diesem Falle zustehende condictio furtiva allerdings auch erwähnt, und dafs diese Erwähnung die Kompilatoren auf den Gedanken ihrer Interpolation gebracht haben mag.

Gegen den gutgläubigen Verkäufer, das ergibt sich aus der Gesamtheit unserer bisherigen Untersuchung und im besonderen daraus, dafs Africanus und Julianus sich nicht selber widersprechen können — gegen den gutgläubigen Verkäufer konnten Africanus und Julianus auch in unserer l. 23 keine andere Klage geben, als in der lex gemina l. 48 D. 3. 5, keine andere also als die actio negotiorum gestorum utilis.

Es findet sich dafür sogar ein wenn auch noch so unscheinbarer Anhaltspunkt in der Stelle selbst, in den Worten nämlich: quasi ex re tua locupletior factus sim. Sonst ist es gerade die actio negotiorum gestorum utilis, die auf diese Weise gerechtfertigt wird! Man vergleiche l. 12 § 1 D. 20. 5:

utili actione tenetur, ne ex aliena iactura lucrum adquirat;

und l. 44 § 2 D. 3. 5:

quia aequum est in damno eum non versari, actione negotiorum gestorum id eum petere placuit[149].

Beide Stellen haben ohne Zweifel die actio negotiorum gestorum utilis im Sinn, und in beiden wird die

---

[149] Vgl. aufserdem: l. 3 D. 12. 6, l. 66 D. 46. 3, l. 26 D. 5. 2.

Notwendigkeit besonderen prätorischen Eingreifens mehr oder minder deutlich dadurch gerechtfertigt, daſs es unbillig sei, sich mit dem Schaden des anderen zu bereichern. Und so oft dieser Gesichtspunkt sonst noch verwendet wird: fast immer handelt es sich dabei um ein besonderes Einschreiten des Prätors, sei es durch Gewährung einer utilis oder in factum actio, sei es im Wege der in integrum restitutio.

L. 6 § 2 D. 23. 3, Pomponius lib. 14 ad Sabinum:

Si in dote danda circumventus sit alteruter, etiam maiori annis viginti quinque succurrendum est, quia bono et aequo non conveniat aut lucrari aliquem cum damno alterius aut damnum sentire per alterius lucrum.

L. 3 § 12 D. 15. 1, Ulpianus lib. 29 ad edictum:

Ex furtiva causa filio quidem familias condici posse constat. an vero in patrem vel in dominum de peculio danda est, quaeritur: et est verius, in quantum locupletior dominus factus esset ex furto facto, actionem de peculio dandam: idem Labeo probat, quia iniquissimum est ex furto servi dominum locupletari impune.

Man vergleiche ferner l. 28 D. 4. 3, l. 11 § 1 l. 12 eod. l. 1 § 6 D. 2. 10, l. 6 § 10 D. 42. 8, l. 66 D. 46. 3.

Dagegen wäre von allen eine condictio bejahenden Stellen — und wie viele sind ihrer verglichen mit der kleinen Zahl derer, in denen eine actio negotiorum gestorum utilis befürwortet wird! — unsere l. 23 die einzige, in der ein klassischer Jurist jenen Billigkeitsgrund für eine condictio geltend gemacht hätte. Denn in l. 17 § 4, 5 D. 14. 3, die man auch noch dafür anführen könnte, haben wir die condictio bereits als interpoliert erkannt. Und folgende beide Stellen sind gleichfalls mit Unrecht hierher gezogen worden:

L. 206 D. 50. 17, Pomponius lib. 9 ex variis lectionibus:

Jure naturae aequum est neminem cum alterius detrimento et iniuria fieri locupletiorem.

L. 14 D. 12. 6, Pomponius lib. 21 ad Sabinum:

Nam hoc natura aequum est neminem cum alterius detrimento fieri locupletiorem.

Welche Rolle diese beiden Aussprüche des Pomponius in der Lehre von den Kondiktionen gespielt haben, ist bekannt. Aber l. 206, aus dem Buche, dem sie entnommen ist, die einzige uns erhaltene Stelle[150], ist damit so aus ihrem Zusammenhang herausgerissen, dafs sie überhaupt gar nichts beweist und gänzlich wertlos ist. Und wollte man dennoch eine Vermutung aufstellen, so könnte es nur die sein, dafs es mit ihr eine ähnliche Bewandtnis gehabt haben müsse, wie mit den anderen Stellen, die jenen Grundsatz enthalten. Was aber l. 14 betrifft, so handelte Pomponius im 21. Buche ad Sabinum allerdings von der condictio[151], auch haben die Kompilatoren die Stelle in einen Titel gestellt, der ex professo einen der wichtigsten Anwendungsfälle der condictio behandelt. Aber wie wenig gerade das zu bedeuten hat, ist schon von Erxleben[152] gezeigt worden. Denn mit nam anhebend,

---

[150] Vgl. Lenel, Pal. Pomponius 829.

[151] Vgl. Lenel, Pal. Pomponius 684.

[152] Condictiones sine causa I S. 5 ff.

dient die Stelle den Kompilatoren augenscheinlich dazu, die Entscheidung der vorhergehenden l. 13 § 1 zu rechtfertigen: und da handelt es sich denn nicht etwa um eine condictio, sondern — um die Versagung einer condictio! Demselben Zwecke wird der Ausspruch aber auch in seinem ursprünglichen Zusammenhange gedient haben. Denn schon in l. 13 pr. beruft Paulus sich auf Pomponius, und so war denn auch unsere l. 14 wohl nur ein Zitat aus Pomponius, das Paulus selber für seine Entscheidung in l. 13 § 1 angeführt hatte. Die Kompilatoren aber, um den Ruhm ihrer Belesenheit zu verstärken, haben eine besondere Stelle daraus gemacht.

In der Tat ist nun aber auch der Satz, daſs niemand sich zum Schaden des anderen bereichern solle, anerkanntermaſsen kein Rechtssatz, um jeden beliebigen eine Bereicherung enthaltenden Tatbestand ohne weiteres darunter zu subsumieren, und so ins Blaue „Bereicherungsklagen“ in die Welt zu setzen. Denn wenn er das wäre, welcher Erwerb möchte wohl nicht angefochten werden können! Der Satz ist vielmehr nur ein allgemeines Prinzip, geeignet Rechtssätze, die etwa auf Grund bestimmter Tatbestände eine Klage auf Aufhebung einer Bereicherung geben, zu motivieren. Motivieren aber läſst sich z. B. der Rechtssatz, daſs eine irrtümlich gezahlte Nichtschuld zurückzuzahlen ist, durch jenen Grundsatz allerdings. Denn genau so wie der Prätor eine utilis oder in factum actio gewährt, oder in integrum restituiert, weil es ihm nach Lage der Sache unbillig erscheint, daſs z. B. der Verkäufer einer fremden Sache sich auf Kosten des Eigentümers bereichere, genau so könnte auch das ius civile sagen, dafs es den Empfänger einer nicht geschuldeten Leistung deshalb zur Rückleistung verpflichte, weil er sich nicht auf Kosten des anderen bereichern dürfe.

Nur in diesem Sinne sagt denn auch Papinian in l. 66 D. 12. 6, die condictio indebiti sei ex bono et aequo introducta. Man beachte wohl: introducta! Und in demselben Sinne äufsert sich Paulus l. 65 § 4 eod. dahin, dafs quod ob rem datur ex bono et aequo habet repetitionem. Die datio ob rem war ein gewissermafsen gesetzlich anerkannter Kondiktionsgrund; und wenn diese Anerkennung auf die aequitas zurückgeführt wird, so heifst das eben auch nur, dafs der Gesetzgeber, oder wer ihm gleichsteht, indem er einen solchen Rechtssatz aufstellte, dem Gebote der aequitas gefolgt sei. Dagegen dafs auch der iudex von Fall zu Fall ex bono et aequo zu entscheiden gehabt hätte, dafs es ihm, wie Pernice[153] meint, überlassen gewesen wäre, „in jedem Einzelfalle zu entscheiden, ob durch den Verbleib der Bereicherung beim Beklagten die Fides verletzt werde oder nicht“, davon kann nie und nirgends die Rede sein! Wohl kommt es vor, dafs bei einer actio bonae fidei oder einer exceptio oder replicatio doli dem iudex eingeschärft wird, seine Sache sei es, dafür zu sorgen, dafs einer sich nicht mit dem Schaden des anderen bereichere. So in l. 10 § 3 D. 17. 1, l. 17 § 4 D. 14. 3, l. 58 pr. D. 26. 7. Dafür ist es eben eine actio bonae fidei oder receptio oder replicatio doli! Wo dagegen nicht

---

[153] Labeo I S. 418 f. Vgl. auch III S. 219.

in dieser besonderen Weise durch die formula auf die aequitas verwiesen ist, wo wie bei der condictio das strictum asperum simplex herrscht, da soll der iudex es wohl bleiben lassen, seinen eigenen Einfällen über Recht und Billigkeit nachzugehen! Dafs die condictio Beziehungen zur bona fides habe — der Gegenpol der actiones bonae fidei in Beziehung zur bona fides! — dies zu behaupten — und selbst Pernice[154] glaubt daran! — ist geradezu eine Ungeheuerlichkeit. Und wenn hundert Stellen wie die folgende im Corpus iuris ständen, ich würde alle hundert für verdächtig erklären.

L. 50 pr. D. 23. 3, Africanus lib. 8 quaestionum:

Quae fundum in dote habebat, divortio facto cum in matrimonium rediret, pacta est cum viro, uti decem in dotem acciperet et fundum sibi restitueret, ac datis decem, priusquam fundus ei restitueretur, in matrimonio decessit. illud ex bona fide est et negotio contracto convenit, ut fundus, quasi sine causa penes maritum esse coeperit, condicatur.

Die Stelle kann nur im Zusammenhange mit § 1 verstanden werden:

Et hoc evidentius circa actionem pigneraticiam apparebit. etenim si, cum fundum Cornelianum pignoris causa tibi tradidissem, postea ex conventione fundum Titianum in hoc tibi tradiderim, ut Cornelianum mihi restitueres: minime puto dubitandum erit, quin statim recte pigneraticiae ad recipiendum Cornelianum agere possim.

---

154 Labeo III S. 219.

Africanus handelte in diesem § 1 von der actio fiduciae[155], die bekanntlich bonae fidei ist[156]; und die Frage, die er aufwirft, ist die, ob unter den angegebenen Umständen nicht statim, das heifst schon vor Lösung des Kreditverhältnisses, ohne dafs pecunia soluta eove nomine satisfactum est[157], auf Rückmanzipation geklagt werden kann. Africanus bejaht die Frage ohne Zweifel deswegen, weil unter den Umständen negotium non ita gestum est, ut inter bonos bene agier oportet et sine fraudatione.

Nun wird dieser Fall eingeleitet mit den Worten: et hoc evidentius apparebit. Also mufs Africanus doch wohl vorher im principium auch eine ganz ähnliche Frage verhandelt haben. Sollte es nun nicht die sein, ob die actio rei uxoriae — gleichfalls bonae fidei[158] — ausnahmsweise nicht auch statim, das heifst während bestehender Ehe, begründet sein könne? Die actio rei uxoriae war auf dotem reddere gerichtet[159]. Sollte also Africanus nicht einfach geschrieben haben: ut fundus reddatur? Dafs es sich um actio rei uxoriae handelte, konnte er schon zu Anfang, bei der Fragestellung die von den Kompilatoren gestrichen ist, ausdrücklich gesagt haben. Die Worte quasi sine causa penes maritum esse coeperit brauchen darum nicht einmal interpoliert zu sein. Da die Frau mittlerweile gestorben war, kam die Möglichkeit der Klage nur für ihre Erben

[155] Gradenwitz, Savigny-Zeitschrift 7 S. 46 ff.; vgl. auch Lenel, Pal. Africanus 101; Oertmann, Fiducia S. 40 f.

[156] Gai. 4. 62.

[157] Vgl. Lenel, Edictum S. 233.

[158] Gai. 4. 62.

[159] Lenel, Edictum S. 243.

in Betracht. Diesen blieb die actio rei uxoriae aber nur dann erhalten, wenn die Frau den Mann in Verzug versetzt hatte[160]. Für den Fall, wo dies nicht der Fall war, konnte Africanus sehr wohl die condictio herangezogen haben. Eine datio lag jedenfalls vor, und diese datio war durch das pactum nachträglich sine causa geworden. Erst die Kompilatoren haben es fertig gebracht, die Begründung der actio rei uxoriae aus der bona fides und die der condictio aus dem Mangel der causa zusammenzuschweifsen.

Also mit der bona fides haben die Kondiktionen gar nichts zu tun. Aber auch das „innere Verhältnis" zur exceptio doli, dafs wie Pernice[161] meint im klassischen Recht hin- und hergeschlossen würde: „weil die exceptio bestehe müsse die condictio gegeben werden und umgekehrt," ist in das Reich der Fabel zu verweisen. Von den Stellen, die Pernice dafür anführt, nennt l. 2 § 3 D. 44. 4 die condictio überhaupt nicht, sondern handelt nur von Tatbeständen, aus denen auch eine condictio entspringen könnte; l. 7 D. 12. 4 und l. 26 § 3 D. 12. 6 handeln zwar von einer condictio indebiti, aber die exceptio doli kommt dabei nur insofern in Betracht, als eine durch exceptio gehemmte Forderung einer Nichtschuld gleichgestellt wird; und was es mit l. 19 § 1 D. 24. 1 in Wahrheit für eine Bewandtnis hat, haben wir bereits gesehen. Die Gründe, aus denen das ius civile, von der aequitas nicht anders als der römische Magistrat von seinem consilium beraten, eine condictio

---

160 Ulp. 6, 6. 7.

161 Labeo III S. 219.

zuläſst, sind von so kristallener Schärfe und Klarheit, wie nur irgend etwas im römischen Recht; und für den iudex kommt es immer nur darauf an: liegt ein solcher Tatbestand vor oder nicht?

Die Entscheidung in unserer l. 23 ist aber in der Tat das Vorbild einer Entscheidung ex aequo et bono. Und so nennen denn auch die Nachtreter der Kompilatoren, die byzantinischen Scholiasten, diese condictio ebenso wie die zweifellos interpolierte in l. 31 § 1 eod. eine condictio ex aequo et bono[162]. Wobei es denn sehr lehrreich ist, zu sehen, wie der Scholiast sich wohl bewuſst ist, daſs die Zulassung der condictio in unserer l. 23 der Regel des klassischen Rechts durchaus widerspricht. In dem Scholion zu unserer Stelle heiſst es:

Mirabile autem est, quod adversus eum qui servum possedit et vendidit, ago condicticia: utique autem ex aequo et bono. Nam in praesenti themate nihil condictionem parit, quam aequum et bonum: et omnino dicendum est, ex aequo et bono eum condictionem praesenti casu habere. Aequum enim non est, alium ex rebus alienis lucrum facere.

Ein Bedenken bleibt immerhin noch zu überwinden. Der Scholiast verweist schlieſslich noch auf l. 32 D. 12. 1, in der er gleichfalls eine condictio ex bono et aequo gegeben findet, und in der, was das schlimmste ist, diese condictio ex bono et aequo durch einen der ersten römischen Juristen bestätigt scheint:

---

[162] Vgl. Schol. 2 (von Stephanus) zu Bas. 23. 1. 23 (l. 23 D. cit.), Schol. 4 (von demselben) zu Bas. 23. 1. 31 (l. 31 § 1 D. eod.).

Si et me et Titium mutuam pecuniam rogaveris et ego meum debitorem tibi promittere iusserim, tu stipulatus sis, cum putares eum Titii debitorem esse, an mihi obligaris? subsisto si quidem nullum negotium mecum contraxisti: sed propius est ut obligari te existimem, non quia pecuniam tibi credidi (hoc enim nisi inter consentientes fieri non potest): sed quia pecunia mea ad te pervenit, eam mihi a te reddi bonum et aequum est.

Genau besehen erscheinen die letzten Worte jedoch als so lose und fast möchte man sagen wacklig aufgesetzt, dafs man geneigt wird, auch sie als nicht schädelecht anzusprechen. Wie sehr das eam, um Verbindung in die Stelle hineinzubringen, ein vorhergehendes quae verlangt — quia pecunia mea quae ad te pervenit eam etc. —, beweist schon eine alte Korrektur zur Florentina, die zwar von den Gebrüdern Kriegel angenommen[163], von Mommsen aber verworfen ist. Und wie überflüssig das Anhängsel ist, zeigt sich an dem vorzüglichen Sinn, den die Stelle ohne es bekommt. Die condictio ist begründet, hatte Celsus gesagt, non quia pecuniam tibi credidi, sed quia pecunia mea ad te pervenit. Und wir brauchen uns, um diesen Gegensatz, und namentlich um den Gebrauch des Wortes pervenire recht zu würdigen, nur zu erinnern, wie Paulus in dem Falle der l. 19 § 1 D. 12. 1 die condictio rechtfertigt. Gewifs würde er sie ganz ebenso auch im Falle eines Mifsverständnisses über die Person des Darleihers rechtfertigen,

[163] Vgl. auch Pernice, Labeo III S. 218.

wenn statt des delegierten Schuldners ein Bote des Ego sich gemeldet und bares Geld gebracht, der Empfänger es aber für das Geld des Titius gehalten und in diesem Glauben konsumiert hätte. Das Darlehen ist zwar wegen mangelnden Konsenses nicht zustande gekommen, würde Paulus sagen, aber consumpta pecunia condictionem habet, ... non alia ratione quam quod facto eius intellegitur ad eum qui acceperit, pervenisse: das heifst, weil die unwirksame Hingabe durch die Konsumtion zur wirksamen datio geworden ist. Ganz ähnlich ist es aber auch in unserem Falle. Das Darlehen ist zwar nicht zustande gekommen, aber die promissio des delegierten Schuldners ist hier wie sonst gleich barem Gelde, das durch den Deleganten an den Delegatar gelangt, also auch so gut wie „gegeben" ist.

Warum freilich die Kompilatoren diese einfache und schlüssige Argumentation verstümmelt und durch die gar nicht hergehörige Verweisung auf das bonum et aequum verpfuscht haben, scheint auf den ersten Blick nicht leicht zu sagen. Um in knabenhaftem Drange Tisch und Wände zu beschmieren, doch wohl nicht! Wie aber, wenn wir die vorhergehende l. 31 § 1 mit in Betracht ziehen und uns des Scholiasten erinnern, der die interpolierte condictio in dieser Stelle ebenfalls nur ex aequo et bono zu rechtfertigen weifs? Sollte der Zweck der Interpolation, nach dem wir suchen, nicht der gewesen sein, für beide Stellen eine der Fassungskraft der Kompilatoren zusagende Erklärung zu schaffen?

Dabei brauchen die Worte: eam mihi a te reddi bonum et aequum est an sich nicht einmal unecht zu sein. Sie erinnern in auffälliger Weise an die formula der actio rei uxoriae, von der wir wissen, dafs sie nicht nur in bonum et aequum concepta, sondern auch „auf dotem reddere gerichtet war“[164]. Grund genug, wie mir scheint, für die Vermutung, Celsus habe im weiteren Verlauf der Erörterung, ebenso wie Julian in dem Zusammenhang aus dem l. 20 D. 12. 1 entnommen ist[165], Darlehen und Dos in Parallele gesetzt. Auch eine Dos, könnte er bemerkt haben, sei darum nicht weniger zurückzugeben, weil z. B. der Mann den zum Zweck der Vorbestellung delegierten Schuldner der Frau für den Schuldner eines dritten, diesen dritten also irrtümlicher Weise für den Geber der Dos gehalten haben sollte; dies aus dem Grunde, weil es nach dem Wortlaut der actio rei uxoriae nur darauf ankomme, eam mihi a te reddi bonum et aequum esse. Und diese Begründung hätten die Kompilatoren dann allein stehen lassen.

Wir sind am Ziel. Und wir sind es darum nicht weniger, weil es nicht überall gleich möglich gewesen ist, die behauptete Interpolation wirklich zu beweisen oder genau zu sagen, wie der Jurist, dessen klassische Ausführung die Kompilatoren verhunzt haben, ursprünglich geschrieben hat. In vielen Stellen schien uns die Interpolation zwar handgreiflich; bei anderen mufsten wir uns begnügen, die Fälschung als wahrscheinlich hinzustellen; und bei manchen endlich hatten wir für

---

164 Lenel, Edictum S. 243 und oben S. 94.
165 Lenel, a. a. O. S. 242 Anm. 8.

unsere Behauptung keine andere Grundlage als die stillschweigende Berufung auf das Zeugnis Ciceros.

Kann man aber vernünftiger Weise mehr verlangen? Wer anders denkt, der macht sich von der Art und Weise, wie die Kompilatoren mit den klassischen Texten umgesprungen sind, doch wohl eine falsche Vorstellung. Und welche ist denn die reinere Quelle des klassischen Rechts: eine Rede von Cicero oder der brackige Pfuhl Justinians?

Demnach konnte es sich für uns in Wahrheit überhaupt nicht darum handeln, die Übereinstimmung Ciceros mit den Äufserungen klassischer Juristen Stelle für Stelle nachzuweisen. Der Beweis, dafs die Grundlagen der condictio sich seit Cicero nicht wesentlich geändert haben konnten, ist schon mit einigen gelungenen Stichproben erbracht. Und dann mit dem Lichte, das Cicero uns aufsteckt, hineingeleuchtet in die Plunderwerkstatt Tribonians!

Ciceros Rede pro Roscio enthält also mit einem Wort den Schlüssel des klassischen Kondiktionenrechts.

Und damit beschliefse ich diese quellenkritische Walpurgisnacht.

IX.

DER VERMUTLICHE KLAGEGRUND.

Wir können nunmehr zu der an die Spitze des zweiten Abschnitts gestellten Frage zurückkehren und sie in folgender Fassung wiederholen: auf welchen der drei möglichen Gründe: datio, expensilatio, stipulatio, hatte Fannius seine Klage gestützt?

Aufser Zweifel ist nur eins: datam non esse Fannius confitetur. Und damit scheidet allerdings ein weites Gebiet aus der Erörterung aus. Ob aber Fannius einen Literalkontrakt behauptet, oder ob er sich auf eine Stipulation berufen hatte, ist aus unserer Rede nirgends mit Sicherheit zu entnehmen.

Das Nächstliegende ist jedenfalls, zu vermuten, Fannius habe den Abschlufs einer Stipulation behauptet. Die materielle Grundlage des Anspruchs war ja ohne alle Frage der zwischen Roscius und Fannius abgeschlossene Vergleich; das gebräuchlichste Mittel aber, einem solchen Geschäfte rechtlichen Bestand zu geben, war ebenso ohne Frage der Abschlufs einer Stipulation.

Und Fannius hatte die ihm durch den Vergleich auferlegte Gegenleistung denn auch zweifellos in dieser Weise auf sich genommen [166]. Dafs Roscius dasselbe getan habe, wird dagegen von Cicero rundweg geleugnet: stipulatus es? ubi? quo die? quo tempore? quo praesente? quis spopondisse me dicit? nemo [167]. Daneben fehlt es freilich auch nicht an Anhaltspunkten, aus denen sich schliefsen läfst, dafs Cicero trotz alles Leugnens doch sehr wohl wufste, dafs auch Roscius eine Stipulation eingegangen war. So nennt er das eben erwähnte Stipulationsversprechen des Fannius an Roscius eine repromissio, die entsprechende Stipulation des Roscius eine restipulatio. Scheint aber nicht diese repromissio eine vorgängige promissio vorauszusetzen [168]? In c. 6 § 16 scheint Cicero sich noch deutlicher zu verraten, indem er auch von der Klagsumme aussagt, sie sei ex liberalitate huius (sc. Roscii) promissa. Was er dann freilich sofort wieder abschwächt, indem er hinzusetzt: et ostentata, das heifst „in Aussicht gestellt". Und auch das kann uns wieder zweifelhaft machen, dafs er kurz vorher, c. 4 § 13, von der Behauptung einer Stipulation durch Fannius nur als von einer blofsen Möglichkeit redet, deren sich Fannius wohl hätte bedienen können, aber jedenfalls, so scheint es, nicht bedient hat: reliquum est ut stipulatum se esse dicat. Darauf die kurze aber energische Ableugnung, deren wir bereits gedacht haben. Vergleicht man damit den Schwall von Beredsamkeit, den

166 c. 13 § 37.
167 c. 5 § 13.
168 a. M. freilich Schmidt, a. a. O. S. 56 Anm. 37.

Cicero aufwendet, um einen Literalkontrakt als nicht vorhanden nachzuweisen, so scheint doch nur ein solcher als Klagegrund des Fannius in Frage kommen zu können.

Doch damit kommen wir bei einer Reihe der berufensten Sachkenner übel an. So wie nämlich Cicero die Sache darstellt, hätte Fannius die 100000 Sesterzen nicht in seinem codex accepti et expensi, sondern nur in seinen adversaria gebucht gehabt. Die adversaria waren aber, wie wir nach den Andeutungen Ciceros c. 2 § 5 ff. mit Keller[169] annehmen dürfen, eine Art Kladde oder Journal. Und es wäre denn doch „zu töricht gewesen, hören wir Puchta[170] ausrufen, die Schrift in den adversaria als eine causa obligationis, wie die in dem codex accepti et expensi anzuführen“. Es wäre das „noch ärger gewesen, stimmt Krüger[171] ein, als wenn jemand eine actio ex stipulatu auf ein formloses pactum gründen wollte“. Und auch Pernice[172] findet die Worte „Torheit“ und „Unsinn“ nicht zu scharf, um etwas so Gräfsliches von der Hand zu weisen. So entscheiden sich denn Puchta und Krüger trotz allem für eine Stipulation als Klagegrund, indem sie die Bezugnahme auf die adversaria folgendermafsen erklären. Fannius habe, weil es ihm für den Beweis der Stipulation an Zeugen fehlte, zu mittelbarer Beweisführung greifen müssen, und lediglich zu diesem Ende habe er unter anderen auch seine adver-

---

169 Institutionen S. 107 ff. Sells Jahrb. 1 S. 115.

170 Rheinisches Museum 5 S. 323.

171 Zeitschrift für Rechtsgeschichte 7 S. 239.

172 Krit. Vierteljahrsschrift 10 S. 79.

saria vorgelegt, in denen die Stipulation angemerkt war. Der böse Cicero verdrehe ihm aber die Worte im Munde und mache daraus die unsinnige Behauptung eines durch Eintragung in die adversaria geschlossenen Literalkontrakts, einzig und allein zu dem Zwecke, um ihn desto leichter widerlegen zu können.

Literalkontrakt als Klagegrund wird aber gleichwohl von sehr vielen angenommen[173], und namentlich Baron hat sich durch jenes Anathema nicht abschrecken lassen. Er sucht seine Annahme dadurch aufrecht zu erhalten, dafs er einen besonderen Rechtssatz vermutet, vermöge dessen der Mangel der gehörigen Form — Eintragung in die adversaria statt in den codex accepti et expensi — dadurch ausgeglichen gewesen wäre, dafs die 100000 Sesterzen aufserdem noch in zwei fremde codices eingetragen waren. Letzteres glaubt er aber aus c. 1 § 3 folgern zu müssen, wo Cicero allerdings von solchen Eintragungen in fremde codices redet: paulo ante M. Perpennae, P. Saturii tabulas poscebamus, nunc tuas, C. Fanni Chaerea, solius flagitamus. Cicero hatte also, meint Baron, in dem verloren gegangenen Anfang der Rede die Vorlegung der codices von Perpenna und Saturius verlangt; und das könne, meint Baron weiter, nur dann

---

[173] Unterholzner, Zeitschr. für geschichtliche Rechtswissenschaft 1 S. 256 ff.; Schmidt, pro Roscio S. 10 ff.; Huschke in Richters u. Schneiders Jahrb. 1840 S. 486; Schmid, ebenda 1841 S. 964; Heimbach, Creditum S. 377 ff.; Rein, Privatrecht der Römer S. 692 Anm. 1; v. Bethmann-Hollweg, Zivilprozefs 2 S. 816 ff.; Baron, Kondiktionen, S. 160 ff.; Costa, Le orazioni di diritto privato di M. Tullio Cicerone, Bologna 1899, S. 34.

Sinn gehabt haben, wenn Kläger die Behauptung aufgestellt hatte, dafs die Forderung dort eingetragen sei.

Es hatte aber im Gegenteil nur dann Sinn, wenn Fannius dergleichen nicht behauptet hatte! Denn es wäre doch zu töricht von ihm gewesen, so etwas zu behaupten, wenn er es nicht beweisen konnte. Konnte er es aber beweisen, so war der Beweis um so leichter zu erbringen, als Perpenna und Saturius, um deren Bücher es sich handelte, beide gegenwärtig und sogar in besonderer Eigenschaft an der Verhandlung vor dem iudex beteiligt waren, nämlich Perpenna als rechtlicher Berater des Piso, Saturius als des Fannius Fürsprech[174]. Darum ist es sehr unwahrscheinlich, dafs Cicero in die Lage gekommen sein sollte, an die Vorlegung so wichtiger Beweismittel seitens des in Beweisnöten befindlichen Fannius noch erinnern zu müssen.

Und macht Cicero dem Gegner nicht im Gegenteil ausdrücklich den Vorwurf, dafs er sich nicht auf fremde codices berufen könne? Erklärt er es nicht geradezu für eine Unverschämtheit, dafs jener sich allein auf seine eigenen Bücher zu stützen wage? Iste scilicet vir optimus et singulari fide praeditus in suo iudicio tabulis suis testibus uti conatur; und: suum codicem testis loco recitare adrogantiae est[175]. Stellt er ihn nicht in vollster Schärfe gerade denen gegenüber, qui per tabulas hominis *ac*citi pecuniam expensam tulerunt[176]? Letztere pflegten sich wohl darauf zu berufen, sagt er, dafs man

[174] Ersteres folgert man allgemein aus c. 8 § 22, letzteres ergibt sich aus c. 10 §§ 27. 28, c. 17 § 51.

[175] c. 1 § 1. c. 2 § 5.

[176] c. 1 § 1.

doch einen solchen Mann, wie ihren accitus, nicht hätte bestechen können, etwas falsches in seinen codex einzutragen. Es fehle daher nur noch, dafs auch Fannius sagte, wie er wohl seine eigene Hand hätte vermögen sollen, eine falsche Buchung vorzunehmen. Diese Klimax der Ironie hat offenbar nur Sinn, wenn Fannius nicht einer von denen war, qui per tabulas hominis *ac*citi pecuniam expensam tulerunt.

Das Verlangen Ciceros, die beiden fremden codices einzusehen, erklärt sich aber auch so einfach genug. Ebenso wie das neuerliche Verlangen, des Fannius eigene tabulae zu sehen — nunc tuas, C. Fanni Chaerea, solius flagitamus —, war es weiter nichts als eine rednerische Apostrophe. „Ja, wenn du uns neben deinen eigenen Büchern noch die des M. Perpenna hier oder des P. Saturius da bringen könntest!" Und ebenso wie er den eigenen Codex des Fannius nur deshalb zu sehen wünscht, weil er sehr wohl weifs und jetzt daraus Kapital schlagen will, dafs Fannius keinen andern Beweis hat, als seine adversaria: ebenso hatte er nach den fremden codices nur gefragt, um den Gegner mit seiner Beweislosigkeit blofszustellen und zu verhöhnen.

Es wird erlaubt sein, bei einer so eigentümlichen Erscheinung, wie der soeben berührten, einen Augenblick länger zu verweilen. Wie hat man sich eine solche Eintragung in fremde codices zu denken?[177]

Der Literalkontrakt setzt, wie wir wissen, eine schon

---

[177] Vgl. zum folgenden Mitteis, Savigny-Zeitschrift 19 S. 231 ff., bes. S. 242 f.

bestehende Geldschuld voraus, und es liegt dabei, wie wir nach der bekannten lichtvollen Darlegung Kellers annehmen dürfen, der Gedanke zu Grunde, als sei der Betrag der alten Schuld von dem Schuldner bezahlt und dann auf neue Rechnung, sei es an denselben, sei es an einen neuen Schuldner, wieder ausgezahlt worden. Der Betrag der Schuld wurde demgemäfs erst auf der Einnahmeseite des Kassabuches als empfangen (acceptum) und sogleich auf der Ausgabeseite als wieder ausgegeben (expensum) gebucht. So die Eintragung im eigenen codex des Gläubigers. Die Eintragung in dem Buche des Dritten beruhte dann vermutlich auf dem anderen Gedanken, als habe der Dritte die beiden Zahlungen durch seine Kasse für den Gläubiger vermittelt. Auch der Dritte buchte also die Schuldsumme als empfangen und gleichzeitig an den Schuldner wieder ausgezahlt, und der Unterschied zwischen beiden Buchungen war wohl nur der, dafs der Dritte seine Zahlungen ausdrücklich als für Rechnung des Gläubigers geschehene, der Gläubiger die seinigen als durch den Dritten vermittelte bezeichnete. Ohne eine solche Unterscheidung wären die beiden Buchungen nicht als auf denselben Vorgang bezüglich, und Gläubiger und Dritter nicht als solche erkennbar gewesen. Die Beweiskraft einer solchen Buchung aber lag in folgendem. Der Literalkontrakt ist ein Vertrag. Der Beweis der dazu erforderlichen Willenseinigung ist daher nicht erbracht, wenn nur der codex des Gläubigers mit dessen eigener Eintragung dem iudex vorliegt. Die Eintragung mufste auch mit dem Willen oder, wie Cicero c. 1 § 2 sagt, iussu des Schuldners geschehen sein. Und um diesen Beweis der Einwilligung des Schuldners zu sichern, war die Eintragung in den codex eines Dritten allerdings nicht ungeeignet. Denn was bezeugte sie? Den Worten nach allerdings nur, daſs das Geld von dem Dritten ausbezahlt worden sei. Aber zum Auszahlen gehören zwei, einer der gibt und einer der nimmt, das heiſst mit seinem Willen nimmt. Und so war sie der Sache nach in der Tat nur eine eigentümliche Form, um die Einwilligung des Schuldners, die zu diesem Zwecke natürlich dem Dritten gegenüber erklärt sein muſste, zu bezeugen. Ihre Beweiskraft im einzelnen Falle aber hing selbstverständlich von der Glaubwürdigkeit dessen ab, in dessen codex die Buchung vorgenommen worden war, davon, ob der Gläubiger, um mit Cicero c. 1 § 1 zu reden, mit Recht sagen konnte: egone talem virum corrumpere potui ut mea causa falsum in codicem referret?

Doch dies nebenbei. Wir haben den Weg, den Baron uns führen wollte, als ungangbar erkannt, und müssen, falls wir uns dennoch für einen Literalkontrakt als Klagegrund erklären wollen, uns nach einem andern umsehen. Ein solcher liegt aber in der Tat nahe genug. Bei jenem Aufwand von Entrüstung wegen der adversaria scheint man nämlich eins vollständig zu übersehen. Cicero ereifert sich zwar sehr darüber, wie ganz unerhört es sei, daſs Fannius einen Literalkontrakt mit Hilfe seiner adversaria beweisen wolle[178]. Aber folgt denn daraus wirklich mit so überwältigender Notwendigkeit, daſs die Eintragung in die adversaria auch zur Be-

[178] c. 2 § 5; c. 3 § 9.

gründung einer literarum obligatio nicht ausreichte? daſs unbedingt der codex accepti et expensi dazu erforderlich war? Gaius 3. 128 ff., das sollte man nicht auſser acht lassen, erwähnt den codex überhaupt nicht. Und auch Cicero hat dafür, daſs der Posten in die adversaria eingetragen worden war, kein Wort des Tadels. Nur daſs Fannius mit den adversaria etwas beweisen wolle, findet er unerhört.

Daſs aber in der Tat die Eintragung in die adversaria zur Begründung einer literarum obligatio sehr wohl genügen muſste[179], folgt einfach daraus, daſs nach Ciceros eigener Darstellung[180] die zuerst in die adversaria eingetragenen Posten regelmäſsig erst am Ende des Monats in den codex übertragen zu werden pflegten. Wie hätte man es sonst wagen dürfen, so lange zu warten, und den codex auch nur einen Tag lang, wie die Kaufleute sagen, nicht à jour zu halten! Aus demselben Grunde aber konnte es auch, wenigstens bei ordnungsmäſsiger Buchführung, so gut wie niemals vorkommen, daſs einer sich im Prozeſs auf seine adversaria berief. So schnell klagt man nicht, daſs noch derselbe Mond am Himmel und das Geschäft noch in den adversaria steht! Auſsergewöhnliche Umstände wie Abwesenheit, Krankheit, Tod natürlich ausgenommen.

Solche besonderen Umstände lagen bei Fannius nicht vor. Nicht einen Monat nur, nein drei Jahre hatte er seit dem Vergleiche mit Roscius und der Buchung

[179] Dies nimmt auch Schmidt a. a. O. S. 21 an, aber aus Gründen, die ich nicht für überzeugend halte.

[180] c. 2 § 7, c. 3 § 8.

der 100 000 Sesterzen verstreichen lassen: drei lange Jahre, während deren er sonst in der sorgfältigsten Weise Buch geführt und auch die kleinsten Posten regelmäſsig, wie es sich gehörte, aus den adversaria in den codex übertragen hatte [181]. Ich meine, es kann nicht zweifelhaft sein, wohin Ciceros Angriff zielt. Die adversaria waren, wie gesagt, vermutlich eine Art Kladde, bestimmt auch solche Geschäfte aufzunehmen, die wie namentlich Kaufverträge und Stipulationen erst dann für das Kassabuch reif wurden, wenn auf Grund ihrer eine Zahlung gemacht wurde, und die daher oft längere Zeit in den adversaria verblieben [182]. Ein Posten also, der drei Jahre lang in den adversaria geschlummert hat, will Cicero sagen, kann von Haus aus garnicht als eine in den codex accepti et expensi gehörige expensilatio gemeint gewesen sein, sondern ist erst nachträglich dazu gestempelt, um nicht zu sagen, gefälscht worden. Cicero erhebt diesen Vorwurf ja nicht gerade ausdrücklich, jedenfalls nicht soweit uns die Rede vorliegt, und vielleicht durfte er das auch nicht, weil er ihn nicht geradezu beweisen konnte. Aber er nimmt das Wort falsum in c. 1 § 1. 2 doch so häufig in den Mund, und in c. 2 erinnert er so

---

[181] c. 1 § 4, c. 3 §§ 8. 9, c. 13 § 37.

[182] Dagegen spricht nicht c. 2 § 7: haec sunt menstrua illae sunt aeternae; haec d e l e n t u r s t a t i m, illae servantur sancte; haec p a r v i t e m p o r i s memoriam, illae perpetuae existimationis fidem et religionem amplectuntur. Da Kassaposten die Regel sind, so war der Inhalt der adversaria in der Regel schnell veraltet. Stand aber einmal etwas anderes darin, so wartete man mit der Vernichtung natürlich so lange, bis das erledigt war. Es liegt jedoch nicht in Ciceros Interesse, diese Ausnahme hervorzuheben.

geflissentlich daran, dafs die adversaria nicht mit der Sauberkeit geführt zu werden pflegten, wie der codex, — er nennt sie geradezu ein Buch der Streichungen und Rasuren, perscriptionum et liturarum — dafs man die Absicht dahinter vermuten möchte, doch wenigstens den Verdacht rege zu machen.

Alles dies erwogen kann ich es nicht unwahrscheinlich finden, dafs Fannius in der Tat einen Literalkontrakt zu behaupten versucht hatte. Aber er tat es nur in zweiter Linie, nur deshalb, weil er den an erster Stelle vorgebrachten wirklichen Klagegrund, das Stipulationsversprechen des Roscius, nicht beweisen konnte.

Und das mag so zugegangen sein.

In c. 9 § 26 schildert Cicero mit wenig Worten, aber mit vieler Lebendigkeit, einen Auftritt im Hause des Roscius: wie Fannius aus eigenem Antrieb angekommen sei, wie er Roscius wegen seines Vorgehens um Verzeihung gebeten und laut beteuert habe (clamitasti), dafs Roscius ihm gar nichts schuldig sei; wie die beiden dann vereinbart hätten, Roscius solle dem iudex Mitteilung machen, Fannius dagegen im Termine ausbleiben, und wie Roscius auf diese Weise seine Freisprechung durch den iudex erlangt habe, versteht sich in dem arbitrium vor drei Jahren. Was diesen plötzlichen Umschwung bewirkt hatte, sagt Cicero nicht, ist aber leicht zu vermuten: Roscius hatte dem Fannius sagen lassen, dafs er den Vergleichsvorschlag des arbiter annehme. Ist dies aber richtig, dann gehen wir wohl auch nicht fehl mit der Annahme, dafs damals, im Hause des Roscius, auch der von Cicero geleugnete Abschlufs des

Vergleichs durch Eingehung der gegenseitigen Stipulationen stattgefunden hat. Man darf nämlich nicht etwa glauben, dafs der arbiter, wie er den Vergleich vorgeschlagen hatte, ihn auch vor seinen Augen hätte abschliefsen lassen. Das wäre ein allzu moderner Gedanke. Als ob der römische iudex oder arbiter wie ein deutscher Amtsrichter ein Protokoll geführt hätte, und als ob nicht die Beweissicherung nach römischer Sitte ausschliefslich Sache der Parteien gewesen wäre! Dagegen spricht auch nicht etwa, dafs der arbiter und jetzige iudex Piso c. 13 § 38 als scriptor testis arbiterque huius restipulationis — gemeint ist die Gegenstipulation des Roscius — ausgezeichnet wird. Piso, der die Stipulation aufgesetzt hatte, wird damit nur als Zeuge des Wortlautes der Stipulation aufgeworfen, nicht ihres Abschlusses[188]. Der Verlauf der Sache war vielmehr einfach der gewesen, dafs der arbiter, um den Parteien Bedenkzeit zu lassen, die Verhandlung vertagt hatte. Wenn sie sich geeinigt hätten, sollten sie es ihm mitteilen, hatte er gesagt. Und diese Mitteilung war es denn offenbar, die jener Verabredung gemäfs Roscius dem iudex zukommen lassen sollte, und auf Grund deren Roscius dann freigesprochen wurde: .... in iudicium ut denuntiaret .... iudici hic denuntiavit: absolutus est. Dafs Cicero so tut, als habe Fannius vollständig pater peccavi gesagt, und als sei nur sein Ausbleiben im nächsten Termin vereinbart worden, steht dieser Annahme natürlich nicht entgegen. Dafür war Cicero der Anwalt des Roscius.

---

[188] Vgl. auch Krüger, a. a. O. S. 242.

Nun merkt man es der Schilderung Ciceros in c. 9 § 26 an, dafs Fannius, der in der Tat Grund hatte von der Hochherzigkeit des Roscius ganz angetan zu sein, bei jenem Auftritt in nicht geringer Aufregung sich befunden hatte. Und da mag er denn in der Freude seines Herzens ganz vergessen haben, sich den Beweis des abgeschlossenen Vergleichs zu sichern. Roscius dagegen, im eigenen Hause und von Freunden und Freigelassenen umgeben, war vermutlich sofort, nachdem Fannius davongestürmt war, so vorsichtig gewesen, mit Hilfe der Anwesenden jene Urkunde aufzunehmen, die Cicero c. 13 § 37 verlesen läfst. Und als es dann zum Prozefs kam, da waren jene Zeugen, wie gesagt lauter Freunde und Freigelassene des Roscius, für Fannius nicht zu finden, und Cicero hütete sich natürlich wohl, sie ihm in die Arme zu führen. Man beachte, wie er jene Restipulationsurkunde zwar verlesen, aber keinen Zeugen — der ja zugleich ein Zeuge des Fannius geworden wäre! — darüber aussagen läfst.

Unter diesen Umständen wird es erklärlich, dafs Fannius sich nach einer zweiten Stütze umsah. Er fand sie, skrupellos wie er war, in seinen adversaria, wo er Roscius, natürlich als Stipulationsschuldner, mit 100000 Sesterzen angemerkt hatte. Diesen Vermerk nachträglich als eine expensilatio erscheinen zu lassen, mochte bei einiger Nachhilfe auf dem geduldigen Wachs nicht schwer sein.

Allerdings war Roscius ihm in Wahrheit, wie wir noch sehen werden, aus der Gesellschaft nichts schuldig; und ohne eine vorhandene Schuld, die in eine Buchschuld umgewandelt werden konnte, war ein Literalkontrakt nicht möglich[184]. Aber sehen wir nicht Fannius Himmel und Hölle in Bewegung setzen, um die Schuld des Roscius zu beweisen? Und wenn diese Schuld auch keine Geldschuld war: undenkbar wäre es nicht[185], dafs der Literalkontrakt, von dem wir ja so wenig wissen, auch dazu gedient hätte, eine Nichtgeldschuld in eine Geldschuld umzuwandeln.

---

[184] Gaius 3, 128 ff.; Theophilus 3. 21.

[185] Gaius 3. 129 hat freilich offenbar nur Geldschulden im Sinn. Das ist natürlich das Nächstliegende.

X.

DER ZWEITE TEIL DER REDE.

Von dem zweiten Teile seiner Rede sagt Cicero in den überleitenden Worten c. 5 § 15, dafs er eigentlich ganz überflüssig, und dafs es ihm selber nur darum zu tun sei, die von Fannius angegriffene Ehre des Roscius wieder in das rechte Licht zu setzen: illa superior fuit oratio necessaria, haec erit voluntaria; illa ad iudicem, haec ad C. Pisonem; illa pro reo, haec pro Roscio; illa victoriae, haec bonae existimationis causa comparata.

Die Ausleger wollen ihm das aber nicht recht glauben.

So meint z. B. Unterholzner[186], der als Klagegrund des Fannius, wie man sich erinnert, einen Literalkontrakt annimmt, die Aufgabe des zweiten Teiles sei vielmehr die, darzutun, „dafs niemals ein rechtlicher Grund vorhanden gewesen sei, aus welchem Fannius etwas von dem Roscius hätte fordern können, um alsdann auf die Unmöglichkeit einer expensilatio schliefsen zu können, wenn es an einer Obligatio fehlte, welche

[186] Zeitschrift für geschichtliche Rechtswissenschaft 1, S. 269.

durch dieselbe in eine Literalobligation hätte umgewandelt werden können". Mit dem was Cicero selber über den Zweck seiner Ausführung sagte, meint Unterholzer, damit wolle er sich nur das Ansehen geben, „als ob er nicht im geringsten der Kraft seines ersten Teiles mifstraue, um dadurch den Richter desto leichter zu seiner Ansicht herüber zu ziehen" [187].

Dafs Cicero jenes erste Ziel mit im Auge gehabt haben mag, kann man zugeben. Aber so ohne weiteres über das, was er selber als sein Ziel angibt, zur Tagesordnung überzugehen, ist denn doch etwas vorschnell. Gewifs braucht man das, was ein Anwalt für seine Partei vorbringt, nicht gleich aufs Wort zu glauben. Aber Cicero ist hier nun doch einmal unsere einzige Quelle, und da mufs man es, meine ich, zuerst wenigstens einmal mit dem Glauben an ihn versuchen.

Und doch geht v. Bethmann-Hollweg [188] noch weiter. Ohne das, was Cicero über seinen Zweck der Ehrenrettung vorbringt, überhaupt einer Erwähnung zu würdigen, hält er es für nicht zu gewagt, hinter dem zweiten Teil der Rede einen zweiten Klagegrund — als ersten nimmt auch er einen Literalkontrakt an — zu vermuten. Fannius, meint er, habe seine Klage zweitens „entweder ex causa furtiva, aus der dolosen Unterschlagung einer der Sozietät gebührenden Summe oder . . . als condictio sine causa, aus der widerrechtlichen Bereicherung des Roscius" hergeleitet. Im wesent-

---

[187] a. a. S. 249 Anm. 1.
[188] Zivilprozefs 2 S. 817 f.

lichen derselben Ansicht ist Pernice[189] und wie es scheint auch Bekker[190], wenn er das, was Cicero über seinen Zweck sagt, für „nichts als Phrase“ erklärt. Noch kühner aber ist Baron[191]. Dafs es sich im zweiten Teil der Rede um nichts anderes handele, als „um die Begründung der klägerischen Forderung aus der Sozietät“, also um eine „condictio, gegründet auf Sozietät“, und somit einen leibhaftigen Anwendungsfall der berüchtigten condictio generalis, kann, meint er, „auf das klarste dargetan werden“.

Nach allem, was wir jetzt über die möglichen Gründe der condictio wissen, dürfen wir über diese Ansichten zur Tagesordnung übergehen. Richtig ist an ihnen nur das eine, dafs Cicero allerdings erst in diesem zweiten Teil seiner Rede auf die Vorgeschichte des Prozesses und damit auf das ehemalige Gesellschaftsverhältnis unter den Parteien zu reden kommt, bei welcher Gelegenheit wir denn allerdings erfahren, wie Fannius über die Handlungsweise des Roscius ein sehr lautes Geschrei erhoben, wie er ihn gar einen Betrüger und einen Dieb gescholten hatte: Redensarten wie man sie in ähnlichen Fällen alle Tage hören kann. Zum Überflufs mag jedoch noch an das erinnert werden, was Krüger[192] gegenüber Bethmann-Hollweg sofort bemerkt hat: dafs nämlich auch nach Lage der Sache eine condictio furtiva

[189] Labeo 1 S. 418, 3 S. 224. Krit. Vierteljahrsschrift 10 S. 78.

[190] Aktionen 1 S. 98, 136 ff.

[191] Kondiktionen S. 170 ff.

[192] Zeitschrift für Rechtsgeschichte 7 S. 240 f.

ganz ausgeschlossen ist. „Wie kann man, sagt Krüger mit Recht, denjenigen, der über seinen Anteil paciscirt und ohne mala fides, ohne jede Verheimlichung, das daraus erlangte für sich behalten will, der Unterschlagung zeihen?“ Eine condictio sine causa aber, selbst wenn sie begründet gewesen wäre, würde, wie Krüger bemerkt, jedenfalls durch den zwischen den Parteien geschlossenen Vergleich aufgehoben gewesen sein.

Kühne, um nicht zu sagen wunderliche Wege sind es auch, die Kappeyne van de Coppello[193] uns zu führen sich erbeut. Der zweite Teil der Rede handelt ihm gar von dem ersten und einzigen Klagegrund, und dieser von Kappeyne van de Coppello entdeckte Klagegrund war — Abrechnung und Saldofeststellung. Von den drei, von Cicero fälschlich als die einzigen hingestellten Möglichkeiten — Darlehen, Stipulation, Literalkontrakt — könne nämlich, behauptet Kappeyne van de Coppello, deshalb keine in Betracht kommen, weil Roscius die 100 000 Sesterzen nur auf Ehrenwort versprochen hatte. Aber, behauptet Kappeyne van de Coppello weiter, diese Abmachung habe Fannius so darzustellen gewufst, als sei damit zwischen ihm und Roscius wegen der Gesellschaft abgerechnet und der ihm, Fannius, zukommende Saldo festgestellt worden. Und durch solche Abrechnung und Saldofeststellung, behauptet immer weiter Kappeyne van de Coppello, könne in der Tat jede Forderung zur pecunia certa credita gemacht und daraufhin die actio certae creditae pecuniae ange-

[193] a. a. O. S. 215 ff.

stellt werden. Heifst das nicht, von allem anderen abgesehen, in der Modernisierung und Kommerzialisierung des römischen Rechts ein bischen weit gehen? Und für all das stützt sich Kappeyne van de Coppello auf die bekannte l. 15 D. 12. 1, in der Ulpian, 200 Jahre jünger als Cicero, eine Entscheidung billigt, die noch Africanus-Julian in l. 34 pr. D. 17. 1 als allzukühn verworfen hatte[194]!

Eine Art Gegenstück zu den Auffassungen, die hinter dem zweiten Teil der Rede einen besonderen Klagegrund des Fannius suchen, liefert der neueste Schriftsteller über unsere Frage, v. Mayr[195]. Der zweite Teil der Rede, sagt er, gehe darauf aus, „den wahren Klagegrund aufzudecken, diesen als die seiner Zeit zwischen den Parteien bestandene Sozietät nachzuweisen, die schon einmal Gegenstand eines Rechtsstreites unter den Parteien gebildet hatte, und darauf dann den Einwand der res iudicata zu stützen“. Mit anderen Worten, und wenn wir den letzten Punkt zunächst bei-

[194] Man sehe auch, wie Kappeyne van de Coppello mit diesen Stellen umgeht. Es handelt sich um die Frage, ob das aus einem anderen Grunde Geschuldete dadurch zur pecunia certa credita werden kann, dafs die Parteien vereinbaren, es solle fortan als Darlehen geschuldet sein. Africanus-Julian verneint das, weil man sonst dahin käme, durch blofses nudum pactum aus jedem Kontrakte pecunia certa credita werden zu lassen: alioquin dicendum ex omni contractu nuda pactione pecuniam creditam fieri posse. Was macht daraus Kappeyne van de Coppello? Dafs zwar im allgemeinen ex omni contractu nuda pactione pecunia credita fieri potest, dafs aber in dem gerade vorliegenden Falle keine pactio, sondern blofs eine einseitige Mitteilung des Schuldners vorgelegen habe!! Also zu lesen a. a. O. S. 223 f.

[195] Die Condictio des römischen Privatrechts, 1900, S. 56 ff.

seite lassen: der zweite Teil beschäftigt sich mit einem Klagegrunde, den Fannius nicht vorgebracht hat, den er aber hätte vorbringen können und müssen.

Und um dies glaublich zu machen, stellt v. Mayr so ziemlich alles auf den Kopf.

Der zweite Teil der Rede soll, wie gesagt, darauf ausgehen, als wahren Klagegrund das ehemalige Gesellschaftsverhältnis nachzuweisen, zu zeigen, dafs der Ausspruch des Fannius, dafern er überhaupt zu Recht bestände, ein solcher aus der Sozietät sei. Cicero wähle dazu, meint v. Mayr, einen „blumenreichen und gewundenen Weg", indem er, vom allgemeinen zum besonderen vorschreitend, in c. 5 § 15 erst „alle möglichen Fälle erwäge", dann l. 6 § 16 zunächst societas und liberalitas einander gegenüberstelle, „um die fingierte Behauptung zu widerlegen, Roscius sei dem Fannius ex liberalitate verpflichtet", und indem er dann erst, „von der dem Roscius deswegen scheinbar zur Last gelegten fraus", in c. 9 den Übergang zur societas finde. Aber das gerade Gegenteil von alledem ist der Fall, und Cicero könnte in Wirklichkeit nicht gerader auf sein Ziel losgehen! Wenn er zunächst in c. 5 § 15 sagt: ac si in hanc formulam omnia iudicia legitima, omnia arbitria honoraria, omnia officia domestica conclusa et comprehensa sint, perinde dicemus, so erwägt er damit nicht „alle möglichen Fälle", sondern er will nur sagen, dafs er den vorliegenden Fall nicht mehr blofs mit Rücksicht auf die enge formula, sondern von einem allgemein menschlichen Standpunkte aus beleuchten werde. Mit aller Schärfe stellt er ferner in c. 6 § 16 sein Beweisthema an die

Spitze, in Gestalt der rhetorischen Frage, Fannius möge doch offen heraussagen, ob das Geld, das er von Roscius fordere, aus der Gesellschaft geschuldet werde, oder ob der Grund nicht vielmehr in einer Liberalität des Roscius zu finden sei. Pecuniam petis, Fanni, a Roscio? quam? dic audacter et aperte: utrum quae tibi ex societate debeatur, an quae ex liberalitate huius promissa sit et ostentata? Und den Beweis, daſs von einer Schuld ex societate nicht die Rede sein könne, tritt er unverzüglich an. Quae ex societate tibi debeatur? quid ais? Und nun legt er los, erst mit allgemeinen Gründen aus der Person des Roscius, dann indem er im einzelnen auf die Vorgeschichte des Prozesses eingeht. Und alles dies liegt so auf der Hand, daſs es genügt auf Cicero zu verweisen.

Der zweite Teil der Rede soll ferner, wie ebenfalls schon gesagt worden ist, nach v. Mayrs Meinung darauf ausgehen, auf den Nachweis des wahren Klagegrundes die Einrede der res iudicata zu stützen.

Hier müssen wir etwas weiter ausholen. Um nämlich eine exceptio rei iudicatae als im Bereich der Möglichkeit liegend erscheinen zu lassen, muſs v. Mayr sich natürlich auf die Seite derer schlagen, die, wie namentlich Schmidt[196] und v. Bethmann-Hollweg[197], das früher unter den Parteien anhängig gewesene Verfahren für ein gerichtliches erklären.

Und doch sagt Cicero ausdrücklich, daſs es ein schiedsrichterliches gewesen!

---

[196] a. a. O. S. 4 f.

[197] a. a. O. S. 809.

In c. 3 § 9, c. 4 § 10 ff. sucht er nämlich dem Fannius einen Strick daraus zu drehen, dafs jener es zuerst nur mit einem arbitrium versucht und erst jetzt nachträglich sich zu einem iudicium verstiegen habe. Zu diesem Ende vergleicht er iudicia und arbitria und hebt dabei namentlich hervor, bei einem iudicium heifse es immer: entweder — oder, entweder alles gewinnen oder alles verlieren; bei einem arbitrium dagegen habe man wenigstens die Aussicht, einen Teil seiner Forderung einzubringen. Zum iudicium greife daher nur, wer seiner Sache sicher sei; wer ein arbitrium vorziehe, beweise eben dadurch, dafs er selber zu seiner Sache kein Vertrauen habe. Und so habe denn auch Fannius, indem er es erst nicht gewagt habe, sich einem iudex zu überliefern, selber sich das Urteil gesprochen: quae cum ita sint, quaero abs te, quid ita de hac pecunia, de his ipsis HS IↃↃↃ (de) tuarum tabularum fide c o m p r o m i s s u m f e c e r i s, arbitrum sumpseris . . . si paret deberi? Es kommt hier ja nicht an auf die Schlüssigkeit dieses Arguments, um die es freilich mehr als schief steht. Denn die im gegenwärtigen iudicium geforderten 50 000 Sesterzen, als Hälfte der Vergleichssumme von 100 000, waren doch nicht der Gegenstand sondern nur die Frucht des früheren arbitrium. Auch ist es Cicero hier wie an anderen Orten — wir kommen darauf zurück — in der Tat nur darum zu tun, die Zuhörer zu verwirren. Worauf es hier ankommt, ist, dafs Cicero sich über den Charakter des früheren Verfahrens als eines kompromissarischen kaum deutlicher aussprechen konnte. Daher denn auch alle Mittel, die man aufgeboten hat, um Ciceros Worte unschädlich zu machen, nicht verfangen können. So wenn Schmidt[198] meint, compromissum facere lasse sich auch auf in iure eingegangene, also ein gerichtliches Verfahren voraussetzende Strafsponsionen beziehen. Schon v. Bethmann-Hollweg[199] hat dagegen geltend gemacht, dafs die Quellen bei iudicia bonae fidei — und das arbitrium pro socio, das allein in Frage kommt, ist ein solches — von Strafsponsionen in iure sonst nichts wissen. Der Vorwurf eines „juristisch-unrichtigen Gebrauchs dieses Ausdrucks", den v. Bethmann-Hollweg selber gegen Cicero erhebt, ist als Gegenmittel freilich um nichts besser.

Ein weiterer, obschon nur mittelbarer Beweis für den schiedsrichterlichen Charakter des früheren Verfahrens ergibt sich aus c. 9 § 25. Cicero sucht da dem Gegner noch einen zweiten Strick zu drehen. Unter anderen Gründen dafür, dafs Roscius dem Fannius aus der Gesellschaft nichts schulde, hält er ihm vor, dafs er andernfalls doch wohl statt der erhobenen Klage die actio pro socio gewählt hätte, mit der er, da sie dem Beklagten an die Ehre ging, den Roscius noch viel gründlicher würde abführen können. Dadurch, dafs er diese verschmäht habe, sagt Cicero, habe Fannius nunmehr selber anerkannt, dafs Roscius seine Pflichten als Gesellschafter keineswegs verletzt habe: nam quo tu tempore illa formula uti noluisti, nihil hunc in societatem fraudis fecisse iudic*asti*. Auch dieses Argument kann

[198] a. a. O. S. 4.
[199] a. a. O. 809 Anm. 12.

zwar nur den Zweck haben, Verwirrung in den Köpfen der Zuhörer anzustiften[200]. Denn wenn das, was jetzt gefordert wird, die Frucht des Vergleichs und nicht der Sozietät ist, dann kann doch im Ernst nicht davon die Rede sein, daſs Fannius es durch die actio pro socio hätte einklagen sollen. Worauf es ankommt, ist, daſs hiervon abgesehen ein solches Argument verständigerweise überhaupt nur dann vorgebracht werden konnte, wenn das frühere arbitrium ein schiedsrichterliches gewesen war. Denn als gerichtliches konnte es selber nur das arbitrium pro socio sein; die actio war dann aber ein für alle Mal konsumiert, und die Regel ne bis in idem war denn doch zu sprichwörtlich, als daſs Cicero sich, wie v. Bethmann-Hollweg[201] ihm unterschiebt, so keck hätte darüber hinwegsetzen dürfen. Mit Tatsachen mochte er umspringen, wie es ihm beliebte; Rechtssätzen gegenüber galt es doch vorsichtig sein.

Gegen diesen letzten Beweis für die schiedsgerichtliche Natur des arbitrium wende man nicht ein, die Sache läge dann noch so: auf Grund des Vergleichs habe Fannius dann doch die exceptio pacti, deren Nichtbeachtung für Cicero kaum weniger sträflich gewesen wäre, als die der prozessualischen Konsumption. Dieser Vorwurf trifft Cicero aber deshalb nicht, weil er gerade den Abschluſs des Vergleichs hartnäckig bestreitet, das compromissum als solches aber bekanntlich keine exceptio erzeugt[202]. Und in welchem Zusammenhang bestreitet

[200] Vgl. auch Pernice, Labeo 3 S. 225 Anm. 1.

[201] a. a. O. S. 822 f.

[202] l. 2 D. 4. 8. Daſs der Ausnahmefall der l. 13 § 1 D. eod.

Cicero den Vergleich! Unmittelbar darauf, nur durch eine kleine Lücke in der Handschrift getrennt, finden sich die Worte: tabulas habet an non? si non habet, quemadmodum pactio est? si habet cur non nominas. Das heifst mit anderen Worten: Fannius kann den Vergleich jedenfalls nicht beweisen. Und dann gleich noch deutlicher: dic pactionem fecisse ut absolveretur; non pepigit. So liegt der Gedanke nahe, dafs Cicero, wie er das so gerne tut, da wo jetzt die Lücke ist, dem Gegner einen Einwand, und zwar gerade den Einwand in den Mund gelegt hatte, gegen dessen Vernachlässigung wir ihn hier in Schutz nehmen. „Roscius hat aber doch den Vergleich mit mir abgeschlossen und dadurch eine Einrede gegen meine actio pro socio erworben“, hatte er Fannius sagen lassen. Und die Ergänzung des Manutius und des Lambinus: fecit pactionem mag daher zwar die Lücke nicht gänzlich füllen[203], endete vielleicht auch besser auf exceptionem; der Sinn scheint dadurch vollkommen richtig getroffen.

Wenn man nun trotz der eben besprochenen ausdrücklichen und mittelbaren Zeugnisse von einem Schiedsverfahren nichts wissen will, so hat das natürlich auch seinen guten Grund. Es handelt sich eben darum, einer anderen Schwierigkeit in der Richtung des vermeintlich geringeren Widerstandes auszuweichen. In demselben Zusammenhang nämlich, in dem Cicero den Ausdruck compromissum

---

vorliege — Strafversprechen nur von seiten des Beklagten, und daher notwendiger Weise exceptio gegen den Kläger —, wird man nicht behaupten wollen.

[203] Vgl. darüber v. Mayr, a. a. O. S. 63 Anm. 1.

facere fallen läfst, scheint er sich doch auch wieder so auszudrücken, als habe jenem früheren arbitrium eine gerichtliche formula zugrunde gelegen. Indem er, wie wir wissen, iudicium und arbitrium mit einander vergleicht, bezieht er sich auch auf verba formulae, und zwar dem ersten Anschein nach auf solche des gegenwärtigen wie auch des ehemaligen Verfahrens. Eius rei, sagt er, und meint damit den eben erwähnten Gegensatz, ipsa verba formulae testimonio sunt. quid est in iudicio? directum, asperum, simplex: si paret HS IↃↃↃ dari ... quid est in arbitrio? mite moderatum: quantum aequius et melius sit dari. Scheint nicht hier die Formel des gegenwärtigen iudicium der des früheren arbitrium wörtlich gegenübergestellt? Und scheint nicht Cicero gleich darauf noch einmal darauf anzuspielen, wenn er den Strick, den er gedreht hat, zur Schlinge anziehend ausruft: quaero abs te, quid ita de hac pecunia ..... arbitrum sumpseris quantum aequius et melius sit dari repromittique, si paret deberi? Wie kamst du dazu, scheint das zu bedeuten, ein arbitrium mit der formula auf quantum aequius et melius sit dari repromittique zu wählen, wenn du mit einem iudicium auf si paret dari oportere durchdringen konntest?

In der Tat ist das aber alles nur Schein, und schon Baron[204], der sich am eingehendsten mit dieser Frage befafst, hat diesen Schein zerstört. Ganz richtig bemerkt er, dafs uns keine gerichtliche Formel bekannt ist, die

---

204 a. a. O. S. 140 ff.

auf dari repromittique gerichtet wäre; während sie uns doch, falls es eine solche gab, unbedingt erhalten sein mufste, da der iudex bei allen iudicia bonae fidei das Recht hatte, Kautionen aufzuerlegen[205]. Die Worte quantum aequius et melius sit usw., sagt Baron, würden im Gegenteil erst dann erklärlich, wenn wir uns das frühere Verfahren als ein schiedsrichterliches dächten. Sie seien nämlich „nichts als ein Teil der von Fannius und Roscius behufs Einleitung des schiedsrichterlichen Verfahrens eingegangenen Strafstipulation“, durch die man sich dem nach der Billigkeit zu fällenden Spruche des Schiedsrichters unterwarf, und die also in gewissem Sinne die Stelle einer formula vertrat. Cicero konnte in der Tat kaum geeignetere Worte finden, um den Inhalt des früheren arbitrium zu formulieren und ihn dem durch die Worte seiner intentio wiedergegebenen Inhalte des gegenwärtigen iudicium gegenüberzustellen. Derselben Ansicht ist auch Lenel[206], und sie ist wohl in noch höherem Mafse richtig, als Baron selber annimmt. Baron nämlich hat dabei nur die Worte in § 12 mit dem Zusatz repromittique im Auge; dieselben Worte in § 11 dagegen, ohne repromittique, versteht auch er von einer richtigen gerichtlichen formula, und zwar spricht er dabei von einer formula „der gerichtlichen arbitria“, denkt also, wie es scheint, an eine allen gerichtlichen arbitria gemeinsame formula auf quantum aequius melius sit dari. Insofern ist eine Widerlegung überflüssig, und auch Baron selber würde heute so etwas schwerlich noch für möglich halten. Viel-

---

[205] l. 38 pr. D. 17. 2.

[206] Edictum § 109, S. 237 Anm. 5.

mehr handelt es sich auch in § 11 einfach um dieselben Stipulationsworte wie in § 12, nur eben ohne repromittique. Auch die intentio des iudicium, die Cicero in demselben Zusammenhange anführt, wird ja nicht vollständig wiedergegeben. Es fehlt da das Wort oportere. Und überhaupt spricht Cicero ausdrücklich nur von einer einzigen formula. Man beachte wohl, er sagt verba formulae, nicht verba formularum, wie er andernfalls doch wohl sagen müſste; und er meint damit natürlich die Formel des gegenwärtigen iudicium, deren intentio er, wie wir eben noch wieder erwähnt haben, wörtlich anführt. Der Gegensatz zwischen iudicium und arbitrium, will er sagen, zeigt sich auch an unserer formula, die den Inhalt des iudicium (quid est in iudicio?) durch die Wendung zum Ausdruck bringt: si paret HS. IↃↃↃ dari oportere. Wogegen der Inhalt des arbitrium (quid est in arbitrio?) als auf quantum aequius et melius est dari gerichtet formuliert werden kann.

So können wir also an der schiedsgerichtlichen Natur des früheren Verfahrens nicht zweifeln.

Aber — um auf v. Mayr und seine Erklärung des Zweckes des zweiten Teils der Rede zurückzukommen — angenommen selbst, die Voraussetzung dieser Erklärung, die Gerichtlichkeit des früheren Verfahrens, wäre richtig: die ganze Rede enthält dennoch kein Wort davon, daſs Cicero die exceptio rei iudicatae vorbringen will, sie enthält auch nicht eine Silbe, nicht die leiseste, entfernteste Andeutung. Aber freilich bietet sie dafür etwas anderes, das unter Umständen wertvoller sein mag, als eine offene

Andeutung, nämlich eine offene Lücke, eine Lücke, die natürlich wie alle Lücken überaus geduldig ist: eben die Lücke in c. 9 § 25, die auch wir vor kurzem erst berührt haben. Nam quo tu tempore illa formula uti noluisti nihil hunc in societatem fraudis fecisse iudic . . . . tionem. Was macht v. Mayr daraus? Nam quo tu tempore illa formula uti noluisti nihil hunc in societatem fraudis fecisse iudic*atae rei ego habeo excep*tionem! Vielleicht müsse man aber auch lesen: fecisse iudic*atum est. quare ego habeo excep*tionem.

Auf diesem Wege ist freilich alles möglich! Ganz abgesehen davon, dafs das frühere arbitrium ohne Frage in der Stadt Rom inter omnes cives Romanos abgehalten worden, also ein iudicium legitimum gewesen wäre; abgesehen also davon, dafs die prozessualische Konsumtion schon ipso iure ohne alle exceptio hätte eintreten müssen; abgesehen auch von dem, gelinde gesagt, bedenklichen Latein: was in aller Welt soll Cicero damit gesagt haben wollen? Dafs er die exceptio hiermit geltend mache? Aber dafür ist es doch in iudicio viel zu spät! Oder dafs er, wenn Fannius die actio pro socio angestellt hätte, ihm die exceptio rei iudicatae hätte entgegenhalten können? Aber Fannius war doch eben nicht so freundlich gewesen, seinem Gegner mit der actio pro socio in die Flinte zu laufen!

So ergibt sich denn, dafs keine der bisherigen Erklärungen, und die zuletzt besprochene am allerwenigsten, die Probe bestehen kann. Suchen wir nach einer besseren.

XI.

DER ZWEITE TEIL DER REDE. SCHLUSS.

Eine Ehrenrettung für Roscius nennt Cicero den zweiten Teil seiner Rede. Natürlich ist das cum grano salis zu verstehen. Auch die Sache selber sollte dabei und konnte nur auf diesem Wege gewinnen und gewonnen werden.

Die Lage, in der sich Roscius befand, war nämlich allerdings eine recht eigentümliche. Er hatte zwar, die Beweisnot des Gegners ausnutzend, jegliche Verpflichtung seinerseits abgeleugnet. Dennoch war er die 50 000 Sesterzen schuldig! Und was das schlimmste war, der iudex, der die Sache aburteilen sollte, wufste das ganz genau. Er, C. Calpurnius Piso, war ja dazumal Schiedsrichter gewesen und hatte den Vergleich, aus dem Fannius seine Forderung herleitete, selber vermittelt. Zweifellos erinnerte er sich noch sehr wohl, wie Roscius selber ihm derzeit den Abschlufs des Vergleichs gemeldet hatte und daraufhin freigesprochen worden war[207]. Und auch wenn bei dieser denuntiatio von dem Abschlusse des Vergleichs nicht ausdrücklich die Rede gewesen sein sollte, so konnte Piso sich den Abschlufs doch leicht denken. Mufste er nun nicht über das dreiste Leugnen des Roscius, gelinde gesagt, erstaunt sein? Mufste man nicht von ihm befürchten, dafs er eher als irgend ein Nichteingeweihter trotz des ungenügenden Beweises geneigt sein werde, Roscius zu verurteilen, wenn ihm nur irgend eine Handhabe dazu geboten wurde? War es doch auch eben darum vermutlich kein blofser Zufall, sondern ein geschickter Schachzug des Fannius, dafs Piso wiederum zur Entscheidung berufen worden war. Dafs Roscius diesen iudex nicht hatte ablehnen dürfen, liegt auf der Hand.

Dazu kommt aber noch eins. Rings im Kreise, unter dem freien Himmel Italiens, stand lauschend und gaffend eine vielköpfige Menge, in südlicher Lebhaftigkeit stets bereit Partei zu nehmen, und mit den Äufserungen ihres Beifalls wie auch ihres Mifsfallens nicht kargend. Auch mit diesem „Umstande" hatten Fannius und sein Sachwalter Saturius gerechnet. Schon um des Literalkontrakts willen hatte man auf die Vorgeschichte des Prozesses eingehen müssen, einmal um daraus eine Schuld des Roscius, wie sie für den Literalkontrakt erforderlich war, als schon bestehend nachzuweisen, daneben aber auch, um den Abschlufs des Literalkontrakts selber aus der Vorgeschichte und den gesamten Umständen wahrschein-

[207] c. 9 § 26.

lich zu machen. Aufserdem aber hatte man die Gelegenheit benutzt, um Roscius nach Kräften anzuschwärzen und seine Handlungsweise in einem Lichte darzustellen, dafs er sich vor dem Publikum, das den beliebten Schauspieler zu vergöttern gewohnt war, fast nicht mehr sehen lassen konnte. Einen Dieb und Betrüger hatte man ihn gescholten! Alles dies zu dem Zwecke, um den iudex, der Roscius trotz des mangelhaften Beweises verurteilen sollte, vor der öffentlichen Meinung — doch dem obersten Richter Roms! — zu rechtfertigen.

Dafs einer solchen Taktik gegenüber die Verteidigung des Roscius sich auf die blofse Verneinung nicht beschränken durfte, war klar. Roscius mufste wieder weifs gewaschen, die Vorgeschichte des Prozesses also auch von seiner Seite aus erörtert werden, um darzutun, dafs Roscius sich als Gesellschafter tadellos benommen und dafs er dem Fannius nichts vorenthalten habe.

Nun hatte Fannius dafür, dafs Roscius von gesellschaftswegen sein Schuldner sei, allem Anscheine nach zwei Gründe vorgebracht.

Zum ersten behauptete er, Roscius habe den Vergleich mit dem Mörder des Sklaven, durch den er das später so wertvoll gewordene Grundstück gewonnen hatte, nicht für sich allein, sondern in ihrer beider Namen abgeschlossen: societatis non suas lites redemit cum fundum a Flavio accepit[208].

Auf diesen ersten Grund des Fannius antwortete

---

[208] c. 12 § 35.

Cicero mit drei Gegengründen, die alle drei gleich schlagend sind.

Erstens[209]: wenn Roscius wirklich mit im Namen des Fannius gehandelt hatte, warum hatte dann Flavius sich von Roscius keine Sicherheit dafür geben lassen, daſs Fannius mit dem Vergleich einverstanden sein und ihn nicht weiter in Anspruch nehmen werde? Denn bindend war ein solcher Vergleich ja für Fannius nicht. Warum lieſs Flavius es sich im Gegenteil gefallen, daſs Fannius den Prozeſs ohne Rücksicht auf den Vergleich fortsetzte?

Zweitens[210]: wie reimt sich ferner damit, daſs Fannius nicht nur unbekümmert um den Vergleich den Prozeſs gegen Flavius fortsetzte, sondern auch später noch durch repromissio die Verpflichtung auf sich nahm, das, was er von Flavius beitreiben werde, mit Roscius zu teilen? Hatte er dadurch nicht selber anerkannt, daſs ihm der Vergleich mit Flavius nichts anging?

Drittens und letztens[211]: wie reimt es sich, daſs Flavius, obwohl der Vergleich mit Roscius ihn auch mit Fannius auseinandergesetzt haben sollte, sich dennoch neuerdings noch besonders mit Fannius verglichen hat? daſs Fannius seit jener repromissio tatsächlich 100000 Sesterzen von ihm erhalten hat, die er dem Roscius verheimlicht? Diese Tatsache, über die Cicero den Beweis antritt, ist überhaupt

---

[209] c. 12 §§ 35. 36.
[210] c. 13 § 37.
[211] c. 13 § 39 c. 14 ff.

der stärkste Trumpf, den er gegen Fannius ausspielt, und wir werden noch darauf zurückkommen.

Übrigens ist es, wie hier eingeschaltet werden mag, nicht unwahrscheinlich, dafs die Behauptung des Fannius, Roscius habe in ihrer beider Namen gehandelt, wenn auch ohne tatsächliche Grundlage, dennoch nicht ohne tatsächliche Veranlassung war. Es liegt nämlich nahe genug, zu vermuten, dafs Flavius den Vergleich und das Grundstück anfänglich beiden zusammen angeboten hatte. Da das Grundstück aber derzeit, wie Cicero c. 12 § 33 ausdrücklich hervorhebt, sogut wie wertlos gewesen war, hatte Fannius sich auf nichts einlassen wollen; und nur Roscius war so klug, oder doch so wenig um bares Geld verlegen gewesen, um das doch nur vorübergehend entwertete Grundstück in der Erwartung besserer Zeiten anzunehmen. Später, als das glänzende Geschäft, das Roscius lediglich seiner Klugheit verdankte, an den Tag kam, suchte dann Fannius die Sache anders zu drehen. Doch dies nebenbei.

Besser als der eben besprochene ist der zweite Grund, den Fannius vorgebracht hatte. Auch wenn Roscius den Vergleich mit Flavius nur für seine eigene Rechnung abgeschlossen haben sollte, hatte Fannius gesagt, so wäre er dennoch als ehrlicher Gesellschafter verpflichtet gewesen, das durch den Vergleich Erlangte mit ihm zu teilen[212].

---

[212] l. 17 § 52. Wenn Cicero den Gegner sagen läfst: quod sibi exegit id commune societatis factum esse contendo, so darf man das natürlich nicht wörtlich nehmen. Von einem richtigen Miteigentum kann nicht die Rede sein.

Was Cicero an Gegengründen hiergegen vorbringt, will, wie schon Bethmann-Hollweg[213] hervorgehoben hat, gar nicht recht ziehen. Denn wenn er die Gesellschaft mit der Erbengemeinschaft vergleicht[214], so ist daran nur soviel richtig, aber nicht entscheidend, dafs nach aufsen jeder Gesellschafter, ebenso wie jeder Miterbe, frei über seinen Anteil verfügen kann. Worauf es ankommt, ist aber vielmehr, ob nicht in dem innern Verhältnisse unter den Gesellschaftern ein gröfseres Mafs gegenseitiger Rücksicht geboten ist, als unter Erben.

Nicht besser ist der zweite Gegengrund. Angenommen es wäre richtig, sagt Cicero, dafs ein Gesellschafter verpflichtet ist, das von einem Gesellschafter unter solchen Umständen Erlangte mit den anderen Gesellschaftern zu teilen, dann wäre es doch eine törichte Vorsicht gewesen, dafs Roscius auf den dringenden Rat der Rechtsverständigen sich von Fannius die Hälfte dessen, was er noch von Flavius erlangen werde, noch besonders durch Stipulation versprechen liefs. Fannius wäre es ihm ohnehin schuldig gewesen[215]. v. Bethmann-Hollweg[216] bemerkt dazu wieder ganz richtig, jene repromissio sei schon deshalb nötig gewesen, „weil damals eine definitive Auseinandersetzung der socii bewirkt wurde, die Kommunikation des zukünftigen Erwerbs also durch eine Kaution gesichert werden mufste, wenn dem Roscius sein Anteil daran nicht verloren

---

[213] a. a. O. S. 825 f.
[214] c. 18 § 55.
[215] c. 18 § 56 i. f.
[216] a. a. O. S. 826, unter Verweisung auf l. 38 pr. D. 17. 2.

gehen sollte". Auch was Baron[217] für Cicero geltend macht, dafs durch den Tod des Panurgus die Gesellschaft, als ihres Zweckes beraubt, aufgelöst worden sei, kann nicht entscheidend sein. Denn es bleibt doch die Frage, ob nicht die durch den Untergang ihres Gegenstandes ebenso wie die durch den Tod eines Mitgliedes aufgehörte Gesellschaft dennoch in gewissen Beziehungen als fortbestehend gelten kann.

Hierzu kommt nun noch, dafs Ulpian einen ganz ähnlichen Fall im Sinne des Fannius entschieden zu haben scheint. In l. 63 § 5 D. 17. 2[218] handelt es sich um eine Gesellschaft unter drei Personen. Eine von diesen hat einen der anderen Gesellschafter mit der actio pro socio verklagt und ihren Anteil eingebracht. Darauf wird der Beklagte zahlungsunfähig, und wie dann auch der dritte Gesellschafter seinen Anteil von ihm haben will, ist nicht genug mehr da. Ulpian entscheidet, dafs der Gesellschafter, der zuerst geklagt hatte, das Erhaltene mit dem dritten teilen müsse, da es unbillig sei, ex eadem societate alium plus alium minus consequi.

Dennoch und gerade wegen dieser Stelle wird man sich für Roscius entscheiden müssen. Das ganz unvermittelte sed magis est, womit Ulpian seine Entscheidung einleitet, läfst vermuten, dafs ihm die Entscheidung nicht leicht geworden ist, dafs er vielmehr Bedenken hat überwinden müssen, die die Kompilatoren ihm nur der Kürze halber gestrichen haben mögen[219].

---

217 a. a. O. S. 177 f.

218 Vgl. auch l. 67 pr. eod.

219 Ebenso schon Keller in der wiederholt angeführten handschriftlichen Bearbeitung.

Wenn nicht gar die Billigkeitsentscheidung überhaupt von den Kompilatoren herrührt! Wie dem aber auch sei: im einen wie im anderen Falle wäre die Entscheidung für Ciceros Zeit ein Anachronismus; und nach dem damaligen Stande des Rechts war also Roscius dem Fannius aus dem Gesellschaftsvertrage nichts schuldig geworden.

Doch mit diesem Nachweise allein war es nicht getan. Dadurch war wohl das Verhalten des Roscius bis zum arbitrium gerechtfertigt, nicht aber sein Verhalten seit dem arbitrium. Denn wenn Roscius auch den Abschlufs des Vergleichs geleugnet hatte, so war die Sachlage, soweit sie unbestritten war, doch immer noch derart, dafs nicht nur der iudex mit seiner persönlichen Wissenschaft, nein, dafs auch jeder Dritte bei einiger Überlegung sich sagen mufste, der Vergleich müsse trotz alledem zustande gekommen und Roscius die 50000 Sesterzen schuldig geworden sein. Roscius hatte sich ja, wie wir wissen, von Fannius die Hälfte dessen versprechen lassen, was dieser von Flavius noch erlangen würde, und er konnte das um so weniger in Abrede stellen, als diese repromissio, wie wir schon gesehen haben und noch mehr sehen werden, zugleich eine seiner stärksten Waffen gegen Fannius war. Mufste aber nicht auch der ganz unvorbereitete Zuhörer, sobald ihm die Sachlage einigermafsen klar wurde, notwendigerweise auf den nahe liegenden Gedanken kommen, Fannius würde ein solches Versprechen wohl schwerlich abgegeben haben, ohne selber etwas Bindendes von Roscius dafür einzutauschen?

Es ist nun ein wahres Vergnügen, zu sehen mit welcher Geschicklichkeit Cicero dieser mifslichen Lage Herr zu werden versteht.

Dem Publikum gegenüber greift er ohne Bedenken ins Sandfafs. Er tut sein Möglichstes, um es zu verwirren und von dem Abschlusse des Vergleichs ab auf falsche Fährte zu bringen. Zu diesem Zwecke tut er einfach so, als handele es sich bei der Klage des Fannius in Wahrheit um einen alten Anspruch aus der Gesellschaft, mit dem Fannius schon einmal, vor dem arbiter, Schiffbruch gelitten habe. Nur zu diesem Zwecke hat er auch schon im ersten Teile, c. 4 § 12, die Dreistigkeit, Fannius den wirkungsvoll aufgebauschten Vorwurf zu machen, dafs er es wegen dieser selben 50000 Sesterzen, de hac pecunia, de his ipsis HS IↃↃↃ, zuerst mit einem arbitrium und erst als dieses fehlgeschlagen sei, mit einem iudicium versucht habe. Zu demselben Zwecke macht er ihm im zweiten Teile, c. 9 § 25, den andern Vorwurf, dafs er nicht statt der erhobenen Klage die actio pro socio gewählt habe. Zu demselben Zwecke endlich weifs er das Beweisthema des zweiten Teiles so zu formulieren, dafs es mehr ist als blofs ein Zurückgehen auf die materielle causa debendi der erhobenen abstrakten Forderung, dafs es in gewissem Sinne allerdings als ein Aufdecken des „wahren Klagegrundes" erscheint. Pecuniam petis, Fanni, a Roscio. quam? dic audacter et aperte ..... quae ex societate debeatur? quid ais?[220] Bekenne es nur offen, will Cicero sagen, was du da vorbringst, das sind „olle

[220] c. 6 § 16.

Kamellen". Nur um sie wieder auftischen zu können, das ist es was Cicero die Zuhörer glauben machen will, habe jener das neue, das er vorgebracht habe, zusammen gelogen und gefälscht. Und gewifs nicht ohne Absicht ist daher auch die Stelle für jenen ersten Vorwurf ausgewählt. Cicero schmiedet das Eisen, solange es heifs ist, unter dem frischen Eindruck dessen, was er gegenüber der frag würdigen Eintragung in den Adversarien des Fannius teils offen ausgeführt teils versteckt angedeutet hat.

Und wie geschickt weifs er den Spiefs umzudrehen und aus jeder Schwäche eine Stärke zu machen. Die repromissio des Fannius, die ihm so gefährlich werden konnte, benützt er dazu, den Gegner wieder einmal zum Zeugen gegen sich selbst aufzurufen und zu dem stärksten Schlage auszuholen, den er ihm überhaupt austeilt: zu dem Nachweise, dafs Fannius selber nichts weniger als anständig und ehrlich gegen Roscius gehandelt habe, indem er die 100000 Sesterzen, die er mittlerweile von Flavius erhalten hatte, und die er der repromissio gemäfs mit Roscius hätte teilen müssen, diesem verheimlicht und ganz für sich behalten habe[221]. Der Vergleichsvorschlag des Piso, den er gewissermafsen unter dem Schutz dieses Schlages c 13 § 38 sehr vorsichtig berührt, wird zu einer blofs.en Bitte des Schiedsrichters, Roscius möge doch aus Gnade und Barmherzigkeit, und als Vergütung für Mühen und Gefahren, die Kleinigkeit von 100000 Sesterzen an Fannius zahlen. Die Verhandlung im Hause des Roscius endlich, die, wenn nicht alles täuscht,

[221] c. 13.

mit dem Abschlufs des Vergleiches geendet haben mufs, ist schon vorher, c. 9 § 26, zu einem blofsen Entschuldigungsbesuche des Fannius geworden.

Und so ist es denn, als hätte Cicero gewissermafsen das Blatt Papier, auf dem die Geschichte des Vergleiches geschrieben stand, in tausend kleine Stücke zerrissen und in die Luft geworfen, um durch das Schauspiel der im Lichte einer glänzenden Beredsamkeit wirbelnden Teile den Blick der Umstehenden von dem Zusammenhang des Ganzen abzulenken.

Ob er seinen Zweck erreicht hat? Man sollte es glauben. Denn auch heute, nachdem längst sich der Schwarm der Neugierigen verlaufen hat, welche Mühe und welche Geduld hat es gekostet, jene Bruchstücke gleichsam von der Strafse und aus den Ecken aufzulesen und wieder zusammenzusetzen!

Auf den iudex freilich konnte man, so wie die Dinge lagen, durch solche Künste keinen Eindruck zu machen hoffen. Wohl aber ist es auf ihn gemünzt, wenn Cicero c. 6 § 16, indem er sein Beweisthema formuliert, zugleich in geschickter, für den Uneingeweihten in diesem Zusammenhang kaum auffälliger Weise, anzudeuten und den iudex daran zu erinnern weifs, dafs die geforderten 50000 Sesterzen, wenn nicht ex societate dann doch nur ex liberalitate geschuldet würden und geschuldet sein könnten; und wenn er dann die gewifs nicht bedeutungslosen Worte hinzufügt: quarum alterum est gravius et odiosius alterum levius et facilius. Sollte das nicht ein Wink für den iudex sein, mit einer

Schuld ex liberalitate brauche er es ebenso wie Roscius selber nicht so genau zu nehmen?

Und Roscius hatte allerdings Grund genug, vom iudex zu erwarten, dafs er Nachsicht übe: welche Nachsicht ja auch nur darin bestehen sollte, dafs er von seinem privaten Wissen keinen Gebrauch machte. Wir kennen den Grund bereits, den Cicero wiederum sehr geschickt in seiner Beweisführung, dafs Roscius von Gesellschafts wegen nichts schuldig geworden sei, einzuflechten weifs [222]. Und der breite Raum, den die Erörterung darüber einnimmt, die Beflissenheit, mit der Cicero alle Künste seiner Beredsamkeit springen läfst, um die Schwäche seines Beweises — er hatte nur zwei Zeugen von Hörensagen, wenn auch angesehene Männer, nämlich Senatoren [223] — wett zu machen: alles dieses zeigt deutlich, welchen Wert er diesem Punkte beimafs.

Roscius hatte, wie wir bereits wissen, in Erfahrung gebracht, dafs Fannius selber sich nichts weniger als anständig gegen ihn benommen, dafs er sich tatsächlich inzwischen mit dem alten Gegner Flavius geeinigt und eine Abfindung von 100000 Sesterzen davongetragen hatte, die er dem Roscius verheimlichte, dafs er folglich, auf Grund der repromissio, dem Roscius gerade so viel schuldig war, wie Roscius ihm!

Dennoch konnte Roscius nicht aufrechnen, da die Aufrechnung im strictum iudicium bekanntlich erst lange

---

222 c. 13 § 39.
223 c. 14 § 42.

nach Cicero möglich geworden ist[224]. Kann man es ihm verdenken, wenn er unter solchen Umständen — zumal da auch der Beweis durch die beiden Zeugen von Hörensagen nicht ausreichend erscheinen konnte, um eine eigene Klage darauf zu gründen — sich kein Gewissen daraus machte, die eigene Verpflichtung kaltlächelnd abzuleugnen?[225]

Auch der uneigennützigste Mann, bemerkt Ruhstrat[226] sehr richtig, läfst sich doch nicht gern in unverschämter Weise übers Ohr hauen.

A corsaire corsaire et demi!

---

224 § 30 J. 4. 6.

225 Vgl. Puchta, Rhein. Museum 5 S. 327; Schmidt a. a. O. S. 61 Anm. 51; Krüger-Keller, Z. f. Rechtsgeschichte 7 S. 242; Bekker, Aktionen, 1 S. 98 Anm. 8 a. E.; Baron, Kondiktionen S. 170; Ruhstrat, Savigny-Zeitschrift 3 S. 36.

226 a. a. O. S. 36.

XII.

DER VERGLEICH ZWISCHEN ROSCIUS UND FANNIUS.

Uns bleibt nur noch übrig, den Vergleich zwischen Roscius und Fannius zu erörtern, der zu dem Rechtsstreit unter ihnen Veranlassung gegeben hatte und dessen Inhalt allerdings sehr merkwürdig war.

Wie wir uns erinnern, übernahm es Roscius auf Vorschlag des Schiedsrichters, 100 000 Sesterzen an Fannius zu zahlen, gegen das Versprechen des Fannius, ihm dafür die Hälfte dessen abzugeben, was er seinerseits noch von Flavius beitreiben werde[227].

Was konnte aber Roscius, der dem Fannius nichts schuldig war, der seine Unschuld leicht genug dartun konnte, und dem gegenüber Fannius sogar ausdrücklich anerkannte, dafs er ihm nichts schulde[228], was konnte Roscius überhaupt bewegen, einen solchen Vergleich einzugehen? was ihn vermögen, an Fannius eine verhältnismäfsig so ungeheure Summe zu zahlen? Auch die

---

[227] c. 13 § 38.
[228] c. 9 § 26.

Entschädigung, die Fannius späterhin von Flavius für seinen Anteil an dem getöteten Sklaven erhielt, betrug nicht mehr als 100 000 Sesterzen[229], und wir können daraus schliefsen, dafs überhaupt der Schaden eines jeden von ihnen auf 100 000 Sesterzen, der Wert des ganzen Sklaven also auf 200 000 Sesterzen geschätzt worden war[230]. Wie kam aber Roscius dazu, den ganzen Wert seines Anteils einfach fahren zu lassen, gegen die damals noch völlig unsichere Aussicht, die Hälfte davon zurückzuerlangen, falls Fannius mit seiner Klage gegen Flavius endlich einmal Erfolg haben sollte? Und was dachte der Schiedsrichter sich dabei, dafs er Roscius das Ganze, Fannius nur die Hälfte hergeben liefs?

Die Erklärung, die Cicero selbst hinzuzufügen scheint, macht die Sache nur noch rätselhafter. Der Schiedsrichter habe Roscius gebeten, die 100 000 Sesterzen zu zahlen pro opera labore, quod cognitor fuisset, quod vadimonia obisset[231], also als Vergütung für die Mühen und Gefahren, die Fannius als Kognitor in dem Prozesse gegen Flavius auf sich genommen hatte.

---

[229] c. 13 § 39.

[230] Dieselbe Summe ergibt sich als sehr wahrscheinlich aus c. 10 § 28. Cicero spricht da von dem, was der Sklave Panurgus wert gewesen sei ohne die Ausbildung durch Roscius, und was er dann wert geworden sei allein durch die Ausbildung. Und zwar wird man die in Frage kommende Stelle mit Mommsen, Hermes 20 S. 317, so lesen müssen: ex qua parte erat Fanni non erat HS IↃↃ ∞ (6000) ex qua parte erat Roscii amplius HS CCCIↃↃↃIↃↃↃ (150 000). Der gesamte Wert konnte demnach sehr wohl auf rund 200 000 HS angesetzt worden sein.

[231] c. 13 § 38.

Eine Vergütung von 100 % ist aber doch zu fürstlich, um glaublich zu sein.

Dafs angesichts dieser Schwierigkeit zuerst die überlieferten Zahlen daran glauben mufsten, kann man sich denken.

15 % seien genug, meinte Lambinus, und machte aus 100000 (CCCIↃↃↃ) einfach 15000 (CCIↃↃIↃↃ). Manutius findet auch das noch zu hoch und geht gar hinunter auf 10000 (CCIↃↃ). Ernesti dagegen geht schon wieder etwas in die Höhe. Er erlaubt dem Fannius 50000 (IↃↃↃ) und — sich selber noch eine andere Freiheit. Er schiebt nämlich die unbequemen Worte pro opera labore usw. einfach beiseite. Und indem er von dem an sich guten Gedanken ausgeht, dafs das Versprechen des Fannius, von dem was er noch von Flavius erlangen würde die Hälfte an Roscius abzugeben, nur dann recht zu verstehen sei, wenn auch Roscius in entsprechender Weise mit Fannius teilen mufste, erklärt er die 50000, die er dem Fannius läfst, einfach für die Hälfte des Wertes von 100000, den Roscius in Gestalt des Grundstückes von Flavius erhalten hatte. Der Grundgedanke des Vergleichs wäre also gewesen, dafs jeder das Erhaltene mit dem andern zur Hälfte teile, und dieser Grundgedanke ist ja in der Tat einleuchtend. Es ist darum auch nicht unbegreiflich, dafs kein geringerer als Puchta[282] der Erklärung Ernestis beipflichtet. Dennoch ist sie, von anderem abgesehen, schon deshalb nicht zu halten, weil, wie zuerst Schmidt[283] dargetan hat, in der Tat keine

[282] Rheinisches Museum 5 S. 325 ff.

[283] a. a. O. S. 67.

Lesart und namentlich keine Zahl besser beglaubigt ist, als gerade unsere 100 000. Wird doch die übereinstimmende Überlieferung sämtlicher Handschriften zu c. 13 § 38 durch den Inhalt der Rede auch sonst auf unwiderlegliche Weise bestätigt. So nennt Cicero dieselbe Summe auch c. 1 § 4, sogar zweimal, als den Betrag, mit dem Roscius in den adversaria des Fannius als dessen Schuldner, versteht sich aus dem Vergleich, eingetragen sei. Und ganz besonders schlagend ist es, dafs Roscius, wie aus c. 17 § 51 hervorgeht, vor den jetzt eingeklagten 50 000 schon einmal eine erste Rate von ebensoviel freiwillig abgetragen hatte. An der Vergleichssumme von 100 000 Sesterzen, so unbequem sie sein mag, ist also nicht zu rütteln.

Doch mit dieser Erkenntnis sind wir wohl aus der Sackgasse heraus, aber noch nicht auf dem richtigen Wege. Denn mit den Worten pro opera labore usw. weifs auch Schmidt nichts rechtes anzufangen, und seine Erklärung läuft schliefslich doch nur auf eine wenig verbesserte Auflage der Ernesti-Puchtaschen hinaus. Indem er nämlich gleichfalls von dem, wie schon bemerkt, an sich guten Gedanken ausgeht, dafs, wenn Fannius an Roscius die Hälfte abgeben mufste, auch Roscius mit Fannius nur in demselben Verhältnisse teilen konnte, setzt er gleichfalls von den 100 000 Sesterzen, die Roscius nach dem Vergleich zu zahlen hatte, nur 50 000 auf Rechnung des Vergleichs; die übrigen 50 000, meint er, stammten vermutlich daher, dafs bei Gelegenheit des Vergleichs auch wegen sonstiger Forderungen aus dem Gesellschaftsverhältnisse, etwa weil Roscius

Löhne des Panurgus, die er eingezogen, noch hinter sich gehabt habe, abgerechnet worden sei. Diese sonstigen Forderungen aus dem Gesellschaftsverhältnis sind aber doch reinweg aus der Luft gegriffen! Und dafs Roscius über Löhne des Panurgus, die er für Rechnung der Gesellschaft eingenommen hätte, zur Zeit des Vergleichs, also zwölf Jahre[234] nach dem Tode des Panurgus und der Auflösung der Gesellschaft, noch nicht abgerechnet haben sollte, ist nicht sehr wahrscheinlich! Vielmehr liegt es dann doch näher, mit v. Bethmann-Hollweg[235] diese zweiten 50000 Sesterzen — die Vergleichssumme beschränkt auch v. Bethmann-Hollweg, insofern den Spuren Ernestis folgend, auf 50000 — als die von Cicero gemeinte Vergütung pro opera labore usw. zu nehmen. Den Worten Ciceros wird dadurch doch wenigstens zur Hälfte Gerechtigkeit zu teil. Im übrigen steht aber dieser Erklärung ebenso wie allen bisher besprochenen entgegen, dafs Roscius dem Fannius eben überhaupt nichts schuldig war, und dafs, wenn anders das, was Roscius von Flavius erlangt hatte, wirklich 100000 Sesterzen wert war, auch eine Summe von nur 50000 Sesterzen als Vergleichssumme unerklärlich ist, sintemalen sie dem Fannius genau das gab, was dieser verlangen konnte, wenn Roscius schuldig war. Quis umquam ad arbitrum quantum petiit tantum abstulit? fragt Cicero c. 4 § 12 mit Recht.

Grundverschieden von den bisher erörterten, dabei eigenartig und verschlungen ist der Weg, den Huschke[236]

---

[234] Vgl. c. 13 § 37.
[235] a. a. O. S. 811.
[236] Krit. Jahrb. von Richter u. Schneider 4. Jahrg., 1840, S. 486.

uns führen möchte: so sehr, dafs man seine Erklärung nicht anders als wörtlich wiedergeben kann. Fannius, sagt er, scheine den Roscius „zu der hohen Vergleichssumme durch die Vorspiegelung vermocht zu haben: Flavius — der die Unvorsichtigkeit begangen hatte, bei Abschliefsung des Vergleichs mit Roscius nicht seine absolutio vom iudicium damni iuiuria zu erwirken — sei ihm noch sowohl Roscii als suo nomine durch die litis contestatio verpflichtet, er könne also auch noch den ganzen Wert des Sklaven von ihm beitreiben, um so mehr, als ein stricti iuris iudicium nicht absolutorium sei, und der geschlossene Vergleich die Kondemnation auch für den Teil des Roscius nicht abwenden könne. Er verspreche also dem Roscius die Hälfte von dem, was er von Flavius beitreiben werde, und dieser solle ihm nur als seinem Kognitor zu wirksamer Betreibung der Sache 100 000, die Hälfte sogleich, die andere Hälfte später zahlen (denn, im Vertrauen, er brauche ein Erkleckliches, um sich Richter und Consiliarii in so bedenklicher Sache gewogen zu machen)".

Nüchterner, aber doch auch von der Auffassung ausgehend, bei dem Vergleiche scheine es „in vieler Beziehung unehrlich hergegangen zu sein", ist die Erklärung von Schmid[237]. Roscius habe die „ungeheure Summe von 100 000 Sesterzen" nur deshalb versprochen, weil ihm alles daran liegen mufste, die Verurteilung im arbitrium pro socio und damit die Infamie abzuwenden, und weil es ihm eben deshalb darauf ankam, den Ver-

[237] Krit. Jahrb. von Richter u. Schneider, 5. Jahrg., 1841, S. 965.

gleich als solchen geheim zu halten. Er erkaufte sich also damit die Bereitwilligkeit des Fannius, eine Komödie mit ihm aufzuführen, dergestalt daſs Fannius zum Schein die Grundlosigkeit seines Anspruchs anerkannte, sich auch freiwillig in contumaciam mit seiner Klage abweisen lieſs, und ebenfalls zum Schein das Geld bloſs als Vergütung für seine Mühe usw. in Empfang nahm. Aber auch dem Fannius selber sei daran gelegen gewesen, den Vergleich wenigstens vor Flavius geheim zu halten, insofern nämlich dieser sich auf die Annahme der 100 000 Sesterzen durch Fannius als auf eine Genehmigung der Abmachung mit Roscius hätte berufen und daraufhin jede weitere Leistung seinerseits mit Recht hätte verweigern können. Fannius wollte aber das Verfahren gegen Flavius fortsetzen und noch Geld von ihm erpressen, und erkaufte sich daher seinerseits das Stillschweigen des Roscius durch die repromissio.

Solche lichtscheue Machenschaften, wie die von Huschke[238] und Schmid dem unglücklichen Roscius untergeschobenen, sind denn doch wohl unvereinbar damit, daſs nicht etwa eine der Parteien, sondern daſs der arbiter selber den Vergleich vorgeschlagen hatte! Auch scheitern beide Erklärungsversuche wiederum daran, daſs Roscius dem Fannius nichts schuldig war, Verurteilung und Ehrlosigkeit also nicht zu fürchten brauchte; ferner daran, daſs es sich gar nicht um das ehrenrührige arbitrium pro socio sondern eben nur um ein Schiedsgericht gehandelt hatte.

---

[238] Vgl. gegen diesen auch Ruhstrat, Savigny-Zeitschrift 3 S. 39 ff.

Insofern ist es also unbedingt ein Fortschritt, wenn Baron[239], um den Vergleich zu erklären, nur eine Art Anstandspflicht des Roscius zum Ausgangspunkt seiner Erklärung nimmt. Anstandsrücksichten, meint er, hätten den Roscius doch davon abhalten müssen, sich hinterrücks mit dem gemeinsamen Gegner zu vergleichen, und nur „die bekannte schauspielerische Leichtsinnigkeit oder — wenn das Wort einem Roscius gegenüber zu hart sei — Unerfahrenheit in allen Geldsachen" könne seine Handlungsweise entschuldigen. Darum habe denn Piso als wahrer Freund des Roscius gehandelt, indem er diesem riet, „sich energisch aus der schmutzigen Affäre zu ziehen und — wenn der Ausdruck gestattet sei — den ganzen Bettel dem Fannius an den Hals zu werfen". Was aber die Bezugnahme auf die Mühen und Gefahren des Fannius als cognitor betrifft, so sieht auch Baron darin nur einen Vorwand, bestimmt den wahren, für Roscius' Ansehen ungünstigen Stand der Dinge zu bemänteln. Und die Gegenleistung des Fannius, die der ganzen Erklärung zu widersprechen scheint, soll auch nur den Zweck gehabt haben, „zugleich der Welt darzutun, dafs Roscius keineswegs ohne Rechtsansprüche sei".

Aber, müssen wir erwidern, woher weifs man denn, dafs Roscius unehrenhaft gehandelt hatte? Was Cicero zum Lobe seines Klienten, einer stadtbekannten und, wie es scheint, allgemein beliebten und geachteten Persönlichkeit urbi et orbi vorposaunte, das konnte nicht gänzlich aus der Luft gegriffen sein. Im Gegenteil ist

---

[239] a. a. O. S. 148 f., 172 f.

es zum mindesten ebenso wahrscheinlich, dafs Roscius, wie bereits angedeutet, nur klüger gehandelt hatte als Fannius.

Auf demselben Standpunkte, dafs Roscius nicht nur dem Fannius nichts schuldig gewesen sei, sondern sich überhaupt als Gesellschafter durchaus einwandfrei benommen habe, steht auch Keller[240], dessen klarer Geist dem richtigen Verständnis näher gekommen ist als irgend einer. Zwar die überraschende Höhe der Summe, die Roscius an Fannius zu zahlen übernommen hatte, erklärt auch er nicht anders als Schmidt. Auch er weifs dafür keinen besseren Ausweg als den, auf den Vergleich selber nur 50 000 Sesterzen zu rechnen und für die übrigen 50 000 sonstige Forderungen des Fannius aus der Luft zu greifen. Aber es liegt doch ein glücklicher Schritt vorwärts in dem einfachen Gedanken, dafs Roscius nur deshalb auf den Vergleich und namentlich darauf eingegangen sei, das von Flavius erhaltene mit Fannius zu teilen, weil der Schiedsrichter ihm vorgehalten und er selber eingesehen hatte, wie unbillig es sei, dafs er bisher allein Vorteil aus dem Prozesse gegen Flavius gezogen habe, während die Mühen und Gefahren einzig und allein dem Fannius zur Last gefallen seien. Auf diese Weise sind die Worte pro opera labore usw. erklärt, und findet zugleich auch die Andeutung Ciceros, c. 6 § 16, die eingeklagten 50 000 Sesterzen seien lediglich ex liberalitate geschuldet, ihre Bestätigung.

---

[240] Nach dem Bericht von Krüger, Zeitschrift für Rechtsgeschichte 7, S. 239.

Zum vollen Verständnis fehlt nur noch, dafs wir folgendes nicht aufser acht lassen.

Roscius hatte, wie schon zu wiederholten Malen hervorgehoben worden ist, mit dem Grundstücke des Flavius ein überaus glänzendes Geschäft gemacht. „At tu tuum negotium gessisti bene“, und „magno tu tuam dimidiam partem decidisti“ [241] läfst Cicero den Gegner neidvoll ausrufen. Und zwar hatte die Gröfse des Gewinnes dem Fannius vermutlich als Argument dafür dienen müssen, dafs Roscius den Vergleich mit Flavius nicht für sich allein abgeschlossen haben könne. Wohingegen dann Cicero darauf hinweist, wie der Gewinn erst nachträglich durch den Wechsel der Zeiten so grofs geworden sei.

Eins scheint damit freilich nicht zu stimmen. Indem Fannius sich über die Höhe des Gewinnes beschwert, den Roscius gemacht habe, spricht er dennoch nur von 100 000 Sesterzen. „HS CCCIↃↃↃ tu abstulisti“ läfst Cicero ihn sagen. Und „HS CCCIↃↃↃ tu quoque aufer“ gibt er selber ihm zur Antwort. 100 000 Sesterzen waren aber, wie wir gesehen haben, nicht weniger und nicht mehr als Roscius, ebenso wie Fannius, für seinen Schaden verlangen konnte. Wo da das glänzende Geschäft stecken soll, ist nicht einzusehen.

Doch diese 100 000 sind sicher falsch! Auch ist es diesmal kein Ernesti, der das behauptet, sondern kein geringerer als Theodor Mommsen[242], der in den

---

[241] c. 11 § 32.
[242] Hermes 20 S. 317.

Handschriften die Entdeckung gemacht hat, dafs neben dem Zeichen für 100000 noch das erst „durch die Inschriften rehabilitierte“ Zahlzeichen ↀ für quingenta milia bemerkbar ist. Statt 100000 müssen wir demnach lesen 600000, was allerdings ganz anders klingt und auch vollständig zu den Umständen stimmt, denen nach Ciceros Angaben die Höhe des Gewinns zu danken war. Accepit enim agrum temporibus illis cum iacerent pretia praediorum: qui ager neque villam habuit neque ex ulla parte fuit cultus: qui nunc multo pluris est quam tunc fuit. neque id est mirum: tum enim propter rei publicae calamitates omnium possessiones erant incertae, nunc deum immortalium benignitate omnium fortunae sunt certae; tum erat ager incultus sine tecto, nunc est cultissimus cum optima villa[243]. Angenommen, worüber ich mir kein Urteil anmafse, mit jenen rei publicae calamitates wären die schrecklichen Zeiten der Sullanischen Proskriptionen gemeint, so war es allerdings kein Wunder, wenn fünfzehn Jahre später — der Vergleich mit Flavius hatte abhinc annis XV[244] stattgefunden —; ja, dafs schon nach zwölf Jahren — zur Zeit des Vergleichs mit Fannius, abhinc triennium, — der Wert des Grundstücks auch ohne die Verwendungen des Roscius ganz gewaltig in die Höhe gegangen war. Wie lagen nicht in Frankreich, während der

[243] c. 12 § 33.

[244] c. 13 § 37. Die Verbesserung des Hotomanus, IV für XV, da es unerklärlich sei, dafs Fannius zwölf Jahre lang nichts von dem Vergleich mit Flavius gehört haben sollte, macht im Gegenteil jede Erklärung unmöglich. Gut Ding will Weile haben!

Schreckenstage von 1793, die Güterpreise darnieder. Und wie ganz anders sah es dort aus in den Jahren 1805 und 1808, zwölf und fünfzehn Jahre später!

Sofort scheint sich aber eine neue Schwierigkeit einzustellen. Oder richtiger: eine alte Schwierigkeit scheint in neuer Gestalt wieder aufzustehen. Denn ist nicht die Summe von 100 000 Sesterzen, die Roscius an Fannius zu zahlen hatte, und die den bisherigen Erklärern zu hoch dünkte, jetzt auf einmal zu niedrig? Mufsten wir doch selber bereits anerkennen, dafs das Versprechen des Fannius, die Hälfte dessen, was er von Flavius erlangen würde, an Roscius abzugeben, nur dann recht zu verstehen sei, wenn der Vergleich überhaupt auf der Grundlage „halb um halb“ geschlossen werde! War aber das Grundstück jetzt und namentlich auch schon zur Zeit des Vergleichs 600 000 Sesterzen wert, warum verlangte dann der Schiedsrichter nicht von Roscius eine Zahlung von 300 000?

Die Antwort ist einfach genug: eben darum, weil es sich um einen Vergleich und einen billigen Ausgleich handelte.

Hätte der Schiedsrichter gefunden und festgestellt, dafs Roscius verpflichtet sei, mit Fannius zu teilen, so hätte Roscius selbstverständlich entweder Fannius zum Miteigentümer des Grundstücks machen oder die Hälfte des vollen Wertes an ihn auszahlen müssen. Der Schiedsrichter hätte dann aber auch keinen Vergleich vorgeschlagen, sondern Roscius verurteilt! Bei einem Vergleiche, der doch nur möglich war, wenn die Frage, ob Roscius teilen müsse, offen blieb — mochte der Schiedsrichter sie auch nur deshalb absichtlich offen lassen, um Fannius nicht abweisen zu müssen, sondern einen billigen Ausgleich zu versuchen — bei einem Vergleiche konnte Roscius nicht zugemutet werden, in derselben Weise zu teilen, wie wenn seine Verpflichtung feststünde.

Wohl aber konnte man, und so erklärt sich in der Tat die Vergleichssumme von 100000 Sesterzen, wenn man teilen wollte, den Betrag dessen was man teilte nach Belieben festsetzen.

Denken wir uns, der Schiedsrichter habe seinen Vergleichsvorschlag etwa folgendermafsen in Worte gefafst.

„Ich will, mag er zu Roscius gesprochen haben, die Frage, ob du verpflichtet bist, mit Fannius zu teilen, nicht untersuchen. Ich will nur fragen: was ist billig? Ist es aber billig, ist es nicht vielmehr zum mindesten sehr hart für Fannius, zusehen zu müssen, wie du dich dank seiner Prozefsführung eines so grofsen Gewinnes erfreust, während er selber, der die Mühen und Gefahren des Prozesses allein getragen, nicht einmal seinen Schaden von 100000 Sesterzen ersetzt bekommen hat? Es wäre also sehr edel, wenn du ihm mit Rücksicht auf das, was er für dich geleistet, — pro opera labore! — freiwillig insoweit entgegenkämest, dafs er wenigstens keinen Schaden mehr leidet. Ich schlage dir daher folgendes vor. Fannius verlangt von dir, wie du weifst, die Hälfte dessen, was der Vergleich mit Flavius dir eingebracht hat. Gehe du darauf unter der doppelten Bedingung ein, einmal, dafs der Wert des Grundstücks auf nicht mehr als 200000 Sesterzen angesetzt wird, und zum andern, dafs Fannius, wie nicht mehr als billig ist, dir auch die

Hälfte dessen abgibt, was er selber etwa noch von Flavius erlangen sollte. Auf diese Weise ist Fannius für seinen Schaden gedeckt, ohne dafs dein Gewinn, der ja bedeutend gröfser ist, in ungebührlicher Weise angetastet würde; und im besten Falle, wenn es Fannius gelingen sollte, noch 100 000 Sesterzen von Flavius herauszubekommen, opferst du sogar nur 50 000. Auf jeden Fall aber kannst du es dir leisten, Fannius auf so fürstliche Art für seine Bemühungen zu entschädigen. Tue es um des Friedens willen."

So denke ich mir, hat Piso geredet, und so verstehe ich den Vergleich.

QUELLENVERZEICHNIS.

Codex Justinianus.

Theophilus.

Basilica.

Kolibri 360 GmbH
Ferdinand-Jühlke-Straße 7
99095 Erfurt, Deutschland
produktsicherheit@kolibri360.de

Druck:
CPI Druckdienstleistungen GmbH
im Auftrag der
Kolibri 360 GmbH
Ferdinand-Jühlke-Str. 7
99095 Erfurt